맥체인 1년 1독 성경읽기

맥체인 통독 맥잡기(2)

김홍양 지음

신교횃불
ccm2u.com

맥체인 1년 1독 성경읽기

맥체인 통독 맥잡기(2)

차 례

1장 | 맥체인성경읽기 가이드

CONTENTS

1장 맥체인성경읽기 가이드

맥체인 1년 1독 성경읽기
맥체인 통독 맥잡기

1. 로버트 머리 맥체인(Robert Murray M'Cheyne) 목사는?

19세기 스코틀랜드 역사에서 가장 경건한 목회자로 꼽히는 로버트 머리 맥체인은 1813년 5월 21일 스코틀랜드 에든버러 더블린 가에서 5남매 중 막내로 태어났습니다. 에든버러 대학교에서 수학하여 23세에 목사 안수를 받고, 1835년부터 1838년까지 라버트 교구와 두니페이스 교구에서 존 보나(John Bonar)의 조수로 섬겼습니다. 그 뒤, 던디의 성 베드로 교회에서 하나님과 모든 영혼을 사랑하는 목사로 섬기다 1843년 3월 25일, 29세의 짧은 나이에 발진티푸스로 하늘의 부르심을 받았습니다.

맥체인은 시인이기도 했으며, 많은 저서를 남겼습니다. 그는 신앙심이 깊은 사람이었으며 기도의 사람이었습니다. 맥체인의 경건한 삶과 사역의 결과물들은 맥체인의 벗이 낸 회고록이나 후대 믿음의 후배들이 내는 전기를 통해 전해지고 있습니다. 이처럼 이 땅에서 맥체인의 삶은 짧았을지라도, 맥체인이 뜨겁게 전했던 그리스도에게로 초대하는 구원의 외침은 아직도 살아서 널리 울려 퍼지고 있습니다.

① 1836년, 스코틀랜드 성베드로교회 로버트 머레이 맥체인목사가 성경읽기표를 만듦 (14세 때 애든버러대학에서 고전문학을 공부. 형의 죽음으로 신앙과 말씀에 집중. 성도를 위해 성경읽기표를 만듦)

② 80세 노인의 고백,"내 평생에 가장 행복한 나날을 보내고 있습니다"

③ 영향받은 목회자: 마틴 로이드존스(54년간 사용), 존 스토트, 신대현, 정현기

④ 1813년~1843년

⑤ 경건한 목회자, 성실한 목회자, 현명한 목회자

⑥ 주변에 있는 훌륭한 목회자에게 조언을 듣는 목회자

⑦ 선교사업에 지대한 관심을 갖은 목회자

⑧ 유대인 선교를 위해 바울처럼 유럽과 팔레스타인을 오랫 방문한 목회자

⑨ 서정적이고 시적인 재능

⑩ 자비롭고 쾌활한 성품

시대순이 아닌 내용을 중심으로 하는 통독성경이다.

구약 1회, 시편 2회, 신약 2회를 통독하는 성경이다.

각자 다른 성경책(장)의 배경 속에서 문학적 배경을 파악한다.

다른 성경과 통독하는 방법이 다를 뿐이지 이 성경책이 절대적인 것은 아니다.

2. 맥체인 성경읽기란?

맥체인 성경읽기표는 1842년 맥체인이 자신이 목양하던 성 베드로 교회 성도들의 영적 성장을 위해 개발한 것으로, 매일 구약과 신약을 각각 2장씩 읽음으로써 1년에 구약 1회, 신약과 시편을 각 2회 정독할 수 있도록 만든 표입니다.

이와 같은 맥체인의 방법에 따라 신구약 성경 전체를 골고루 4등분해서 동시에 읽으면, 성경에 기록된 장구한 구속사를 크게 네 시대로 나누어 동시에 묵상할 수 있습니다.

각각의 시대마다 하나님께서는 하나님이 세우신 사람들과 언약을 맺으셨고, 그 언약을 완성하셨습니다. 그리고 이 시대들은 서로 씨줄과 날줄이 되어 하나님의 구속사를 완성하는 완벽한 하모니를 이루고 있습니다.

때로는 시대별로, 때로는 거시적인 안목에서 구속사 전체를 한 번에 아우르게 합니다. 그렇기에 남녀노소, 교회의 직분을 무론하고, 누구나 맥체인 성경읽기표를 따라 성경을 읽으면, 성경에 대한 명쾌한 이해와 함께 하나님께서 감춰두신 구속의 보화를 찾는 기쁨을 누릴 수 있습니다.

또한 이를 통해 성경의 맥을 보다 쉽게 잡을 수 있습니다. 이렇게 하나님의 계시 목적에 평행선을 그으며 따라가는 것은 맥체인 성경읽기표만의 독특한 방식입니다.

성경을 읽다가 중간에 빠뜨린 부분이 있더라도 포기하지 말고, 그날의 날짜에 맞추어 읽는 것이 좋습니다. 이런 습관은 해가 거듭되더라도 반복적으로 성경을 통독할 수 있게 해 주기 때문입니다. 개인적으로 읽을 때는 아침, 저녁으로 나누어 읽으셔도 됩니다. 각자의 방법대로 성경을 읽으면 됩니다.

> "또 어려서부터 성경을 알았나니 성경은 능히 너로 하여금 그리스도 예수 안에 있는 믿음으로 말미암아 구원에 이르는 지혜가 있게 하느니라 모든 성경은 하나님의 감동으로 된 것으로 교훈과 책망과 바르게 함과 의로 교육하기에 유익하니 이는 하나님의 사람으로 온전하게 하며 모든 선한 일을 행할 능력을 갖추게 하려 함이라" (딤후 3:15-17).

3. 맥체인 목사가 직접 이야기하는 맥체인 성경읽기

맥체인 목사는 1842년 12월 30일 송구영신 예배 시간에 자신의 교회 교인들에게 맥체인 성경읽기표에 대해서 다음과 같이 설명해주었습니다. 맥체인 목사가 직접 이야기하는 맥체인 성경읽기를 통해 우리는 맥체인 성경읽기에 대해 보다 많은 이해를 할 수 있을 것입니다. (이 설교가 끝난 후 그는 교인들에게 성경읽기표를 나누어 주었습니다.)

[설교 본문: 시편 119편 40절]

"내가 주의 법도들을 사모하였사오니 주의 의로 나를 살아나게 하소서"

사랑하는 성도 여러분, 새해가 다가오니 제 마음 속에 여러분의 구원과 구원받은 분들의 영적 성장에 대한 새로운 열망이 생깁니다.

"내가 예수 그리스도의 심장으로 너희 무리를 얼마나 사모하는지 하나님이 내 증인이시니라" (빌 1:8).

다가오는 새해에는 어떤 일이 일어날지 그 누가 알겠습니까? 모든 선한 사람은 분명이 땅에 다가오는 놀라운 심판의 역사를 예견하며 영혼에 부담감을 느낍니다. 이제 이와 같은 엄숙한 질문을 던져야 할 때입니다.

"만일 네가 보행자와 함께 달려도 피곤하면 어찌 능히 말과 경주하겠느냐 네가 평안한 땅에서는 무사하려니와 요단 강 물이 넘칠 때에는 어찌하겠느냐" (렘 12:5).

자기 자신이나 피조물이 아니라 우리의 의이신 여호와를 의지하는 성도들은 굳게 설 것입니다. 우리가 악한 날에 굳게 서려면 성경 말씀과 은혜의 보좌에 더 집중해야 합니다. 그러면 우리는 다윗처럼 이렇게 말할 수 있을 것입니다.

"교만한 자들이 나를 심히 조롱하였어도 나는 주의 법을 떠나지 아니하였나이다" (시 119:51).

"고관들이 거짓으로 나를 핍박하오나 나의 마음은 주의 말씀만 경외하나이다" (시 119:161).

저는 마음속으로 오랫동안 성경읽기 계획표를 만들 생각을 해 왔습니다. 하나님이 같은 소원을 주신 이들은 다 제 생각에 동의할 것입니다. 그래서 성경 전체를 1년에 한번 통독하고, 모든 성도가 동시에 같은 푸른 초장에서 꼴을 먹을 수 있도록 계획을 짰습니다. 그런데 이 계획에는 다음과 같은 주의해야 할 점이 있습니다.

[주의할 점]

형식으로 읽지 말라

우리는 너무나 연약한 피조물이어서 어떤 의무든 규칙적으로 반복하면 타성적인 형태로 전락하기 쉽습니다. 일정한 규칙에 따라 말씀을 읽는 어떤 사람들에게는 이렇게 형식적인 신앙생활을 낳는 경향이 있습니다. 이것은 말세에 두드러진 죄가 될 것입니다. "경건의 모양은 있으나 경건의 능력은 부인하니 이같은 자들에게서 네가 돌아서라" (딤후 3:5). 이 점을 주의하십시오. 이 읽기표 때문에 여러분의 영혼이 무디어질 것 같으면 차라리 이 표를 없애 버리십시오.

분량 채우는 것으로 만족하지 말라

어떤 이들은 말씀을 읽기 위해 시간을 정하고 정해진 분량을 다 읽고 나면 자기 자신을 만족스런 눈으로 바라보는 유혹에 빠지기가 쉽습니다. 확신컨대 많은 이가 영혼에 아무런 하나님의 역사를 체험하지 못한 채 살아가고 있습니다. 용서받지 못하고, 성화되지도 않고, 멸망을 눈앞에 둔 채 말입니다. 그들은 그러면서도 개인적으로나 가족과 함께 정해진 경건 시간을 보냅니다. 이런 사람은 오른손에 거짓 것을 들고(사 44:20) 지옥으로 향하는 사람입니다.

아무렇게나 건성으로 읽지 말라

하나님의 말씀에 두려워 떠는 사람이 별로 없습니다. 말씀을 읽는 동안에도 위엄으로 가득찬 여호와의 음성을 듣는 이가 별로 없습니다. 이스라엘 백성들은 매일 먹는 만나에 대해 "백성이 하나님과 모세를 향하여 원망하되 어찌하여 우리를 애굽에서 인도해 내어 이 광야에서 죽게 하는가 이 곳에는 먹을 것도 없고 물도 없도다 우리 마음이 이 하찮은 음식을 싫어하노라 하매" (민 21:5)고 불평했습니다. 마찬가지로 어떤 이들은 많은 분량의 말씀을 읽다가 말씀 읽기에 싫증이 나서 말씀을 아무렇게나 건성으로 읽으려는 유혹에 빠지기 쉽습니다. 이런 일은 하나님의 진로를 불러일으킬 것입니다. 이 말씀이 여러분에게 해당되지 않도록 주의하십시오. "만군의 여호와가 이르노라 너희가 또 말하기를 이 일이 얼마나 번거로운고 하며 코웃음치고 훔친 물건과 저는 것, 병든 것을 가져왔느니라 너희가 이같이 봉헌물을 가져오니 내가 그것을 너희 손에서 받겠느냐 이는 여호와의 말이니라" (말 1:13).

의무감으로 억지로 읽지 말라

어떤 이들은 한동안 말씀을 잘 읽지만 나중에는 말씀 읽는 일이 감당하기 벅찬 부담감으로 느껴집니다. 그들은 하늘의 양식을 전혀 맛보지 못하고 양심에 질질 끌려 억지로 정해진 의무를 행합니다. 만일 어떤 성도든 이런 경우에 해당된다면, 차라리 이 족쇄를 던져버리고 하나님의 아름다운 정원에서 마음껏 꿀을 먹으십시오. 제가 바라는 것은 여러분에게 덫을 놓는 것이 아니라 여러분이 기쁨을 맛보도록 돕는 것입니다.

이렇게 주의할 점이 많은데 이런 읽기표를 만든 목적이 대체 무엇일까요? 이 질문에 저는 이렇게 대답하겠습니다. 가장 좋은 일에는 언제나 위험이 따르는 법입니다. 위험한

절벽 틈에 가장 아름다운 꽃들이 피어 있는 것처럼 말입니다. 그러면 이 읽기표의 장점을 살펴보겠습니다.

[장점]

성경 전체를 1년 동안 규칙적으로 통독할 수 있다.

구약은 한 번, 신약과 시편은 두 번 통독할 수 있습니다. 안타깝게도 성경을 한 번도 다 읽지 못한 성도들이 많은 것 같습니다. 그러나 성경은 모두 하나님의 말씀입니다. "모든 성경은 하나님의 감동으로 된 것으로 교훈과 책망과 바르게 함과 의로 교육하기에 유익하니 이는 하나님의 사람으로 온전하게 하며 모든 선한 일을 행할 능력을 갖추게 하려 함이라" (딤후 3:16-17). 우리가 성경의 일부분을 그냥 넘어간다면 우리는 불완전한 그리스도인이 될 것입니다.

어느 부분을 읽을지 고르는 데 시간 낭비할 일이 없다

성도들은 향기로운 산의 어느 곳으로 나아갈지 갈팡질팡할 때가 종종 있습니다. 이 표로 그 문제를 단번에 아주 간단히 해결할 수 있습니다.

부모는 매일 자녀와 주변(구역원, 셀원)을 살필 좋은 주제를 얻을 수 있다

가정 예배를 현재 일반적으로 드리는 방식보다 더 은혜롭게 드리려면 개선의 여지가 많습니다. 단지 말씀만 읽고 마는 것은 땅바닥에 쏟아진 물과 다름없을 때가 많습니다. 가족 모두가 말씀을 미리 읽고 나서 간단한 질문과 대답을 통해 말씀의 의미를 이끌어 내고 삶에 적용해야 합니다. 성경읽기표는 이러한 일에 도움이 될 것입니다. 친구들도 서로 만났을 때 그 날 읽은 말씀에서 유익한 대화 주제를 얻을 수 있을 것입니다. 어려운 본문의 뜻은 더 지혜롭고 성숙한 성도들에게 물어 볼 수도 있고, 간단한 성경 말씀은 널리 그 향기가 퍼져 나갈 수 있을 것입니다.

목자는 양떼가 초장의 어느 곳에서 꼴을 먹는지 알 수 있다

따라서 목회자는 주일에 성도들에게 더 알맞은 말씀을 전할 수 있게 됩니다. 목회자와 장로 모두 각 가정을 심방할 때 빛과 위로가 되는 말씀을 전할 수 있게 되고, 그 말씀에 성도들은 더 쉽게 반응하게 될 것입니다.

성도들의 사랑과 연합이라는 아름다운 끈이 더 단단해진다

우리는 함께 이 읽기표대로 말씀을 읽기로 한 주님 안의 귀한 형제자매들을 시시때때로 자주 떠올리게 될 것입니다. 이 땅 위에서 하나님께 간구할 일들에 대해 더 많이 마음을 합하게 될 것입니다. 똑같은 약속의 말씀을 놓고 기도하며, 똑같이 죄를 고백하며 애통해하고, 똑같은 찬송으로 하나님을 찬양하며, 똑같은 영생의 말씀으로 양육 받게 될 것입니다.

-『로버트 맥체인 회고록』(p. 363~367), 부흥과 개혁사

4. 마틴로이드 존스와 존 스토트가 사랑했던 맥체인 성경읽기

맥체인 성경읽기표의 유익을 발견하고 평생 사용했던 대표적인 사람으로는 20세기의 대표적인 복음주의 설교가요 목회자인 마틴 로이드 존스 목사(1899-1981)와 존 스토트 목사(1921-2011)가 있습니다.

① 존 스토트

2011년 7월 27일 소천한 존 스토트 목사의 탁월한 균형감각은 체계적인 성경 읽기에서 나왔습니다. 그는 세계교회협의회(WCC) 가맹교단인 영국성공회 소속이었지만 복음주의 노선을 평생 견지했습니다. 복음주의자이면서도 기독교의 사회적 책임을 소홀히 여기지 않았던 그는 자신의 저서 『기독교의 기본진리(Basic Christianity)』에서 "균형잡힌 신앙은 말씀과 기도의 균형에서 나온다. 이를 위해서는 성경 읽기가 필수이다"라고 밝히고 있습니다. 실제로 그는 1970년대 마틴 로이드 존스 목사로부터 맥체인 성경읽기표를 소개받고 평생 체계적인 성경 읽기를 실천했습니다.

존 스토트 목사는 평소 맥체인 성경읽기표에 대해 "성경 한편을 계속 읽어 내려갈 때 생기는 지루함을 방지해주는 좋은 성경읽기 방식이다. 성경 전체를 체계적이고 균형감 있게 알아야 하는 목회자들과 평신도 지도자들에게 강력히 추천한다"고 했습니다. 그는 또 "성경을 읽는 방법에는 여러 가지가 있지만 천천히, 묵상하고 생각하며 읽어야 한다. 구절의 뜻이 명확해질 때까지 한 구절 한 구절을 읽고 또 읽어야 한다"고 조언했습니다.

평생 맥체인 성경읽기를 사랑하고 실천했던 존 스토트 목사는 맥체인 성경읽기에 대해 다음과 같이 말했습니다.

"개인적으로 나는 전에 웨스트민스터 채플 목사였던 마틴 로이드 존스 박사께서 20년 전쯤 로버트 맥체인의 성경읽기표를 나에게 소개해 준 것에 감사하고 있습니다. 맥체인이 그것을 만들어 낸 것은 1842년 당시 자기가 섬기고 있던 스코틀랜드 던디의 성 베드로 교회 교인을 위해서였습니다. 이것에 따르면 매년 성경 전체를 구약은 한 번씩, 신약은 두 번씩 읽을 수 있습니다. 나는 로이드존스 박사가 『목사와 설교』에서 말한 다음의 내용을 전적으로 동의합니다. '모든 설교자는 적어도 일 년에 한 번씩은 성경 전체를 완전히 통독해야 합니다. …그것은 설교자가 성경을 읽어야 할 최소의 분량입니다.'

맥체인의 성경읽기표는 매일 네 장을 읽도록 배열되어 있습니다. 당시는 평온한 빅토리아 시대였기 때문에 그의 의도는 날마다 개인 경건 시간에 두 장(아침과 저녁) 및 가족 기도회에서 두 장(역시 아침과 저녁)을 읽게 하려는 것이었습니다. 나 자신의 습관으로는 오히려 아침에 세 장 -가능하면 두 장은 읽고 세 번째 장은 연구를 하며- 넷째 장은 저녁을 위해서 남겨둡니다.

맥체인이 생각해 낸 성경읽기 방식에 있어서 특히 도움이 되는 것은 장을 할당하는 방식입니다. 그것은 1월 1일, 창세기 1-4장에서 시작하여, 1월 2일에는 창세기 5-8장, 1월 3일에는 창세기9-12장으로 계속되는 방식이 아닙니다. 그보다는 새해 첫 날의 말씀은 성경에 나오는 네 가지 위대한 시초, 즉 창세기 1장(창조의 시작), 에스라 1장(민족의 갱생), 마태복음 1장(그리스도의 탄생), 사도행전 1장(기독교회의 탄생)으로 시작됩니다. 이렇게 하나님의 계시 목적에 평행선을 그으며 따라가는 것입니다. 어느 날에는 족장, 에스더, 예수님의 사역, 바울의 여행에 대해 읽을 것이고, 다른 날에는 왕정의 성쇠를 추적하고, 예언자의 예언 메시지에 귀를 기울이며, 요한이 그리는 예수님의 모습을 보고, 요한계시록에 의해 드러나는 미래를 응시하고 있을 것입니다. 내게 있어서 기복이 심한 성경의 전체를 개

관하며, 그 기저에 깔려 있고 반복되어 나타나는 주제를 파악하는 데 이보다 더 도움이 되는 것은 없었습니다."

-(존 스토트, 『현대교회와 설교』283-284쪽)

② 마틴 로이드 존스

존 스토트 목사에게 맥체인 성경읽기를 추천했던 마틴 로이드 존스 목사도 50여 년을 맥체인 성경읽기표에 따라 성경을 읽었던 분이었습니다. 로이드 존스 목사의 딸인 엘리자베스 케서우드의 증언에 따르면, 로이드 존스 목사는 평생 동안 구약은 최소 50회, 신약은 최소 110회 이상 통독했다고 합니다. 그 힘은 바로 맥체인 성경읽기에서 비롯되었습니다.

"부친은 로버트 맥체인의 매일 성경읽기표에 따라 성경을 보았습니다. 그는 성경을 좋아하는 부분만 아니라, 처음부터 끝까지 모든 부분을 다 읽는 것이 주는 유익을 믿었습니다. 그는 필요한 본문은 별도로 공부했지만 정규적으로 성경을 반복해서 읽었습니다. 저의 부모님들은 적어도 52~54년을 로버트 맥체인의 성경읽기표를 따라 성경을 꾸준히 통독하였습니다. 이 계획표를 근거로 추정해 보면 저의 부친은 자신의 설교준비를 위한 성경읽기 이외에도 신약을 적어도 110회 통독한 셈입니다.

부친은 3월 1일에 돌아가셨는데, 공교롭게도 2월 28일의 매일성경읽기 본문의 마지막 장이 고린도전서 15장이었습니다. 마치 주께서 저의 부친에게 앞으로 있게 될 몸의 부활을 지적해 준 것 같은 느낌이 듭니다."

-(로이드 존스의 장녀인 엘리자베스 케서우드, 『마틴 로이드 존스의 독서생활』 54쪽)

5. 맥체인 성경 365의 특징과 장점

맥체인 성경365의 장점은 QT와 통독을 하나로 통합해준다는 것입니다.

맥체인 성경365로 성경을 읽고 묵상하면

- 매일 성경을 읽도록 해줍니다.
- 매일 체계적이고 규칙적으로 성경을 읽도록 도와줍니다.

- 매일 성경 읽기(20분)에 적당한 분량입니다.
- 매일 구약과 신약의 각 부분을 골고루 읽도록 해줍니다.
- 1년에 구약 1독, 신약과 시편 2독을 할 수 있습니다.
- QT와 성경읽기를 하나로! 이제 QT와 통독을 따로 할 필요가 없습니다.
- 구약과 신약(시편)이 짝을 이뤄 구속사를 한눈에 살펴볼 수 있습니다.
- 말씀의 다채로움을 만끽하며 더 넓고 깊은 하나님의 생각을 발견하게 됩니다.
- 하나로 관통하는 하나님의 생각을 찾아내 더 깊은 영적 성숙을 도와줍니다.

6. 맥체인 성경읽기와 말씀묵상(QT)에 실패하지 않으려면

영혼의 양식이요 영적 성숙의 원천이 되는 성경, 누구나 많이 읽고, 깊이 묵상하기를 원합니다. 하지만 막상 성경 통독을 시작하려고 해도 쉽지 않고, 끝내기는 더욱 쉽지 않습니다. 맥체인 성경읽기를 통해 성경을 통독하고, 매일 매일의 말씀묵상에 실패하지 않으려면, 맥체인 성경읽기표를 따라 다음과 같은 방법으로 성경을 읽으십시오.

① 매일 성경을 읽겠다는 결심을 하십시오.
② 성경을 읽는 구별된 시간을 확보하십시오.
③ 성경읽기표를 따라 매일 구별된 시간에 읽으십시오.
④ 가정예배와 교회 공동체에서 함께 성경읽기표를 따라 읽어나가면 좋습니다.
⑤ 너무 완벽하게 읽으려고 하지 마시고, 먼저 성경을 읽는다는 자체에 우선하십시오.
⑥ 빠뜨린 날이 있더라도 오늘 내가 읽어야 할 날짜의 읽기에 집중하십시오.
⑦ 빠뜨린 부분이 있더라도 집착하거나 포기하지 마시고 오늘 날짜부터 다시 시작하십시오.

2장 맥체인 통독 맥잡기 가이드

"또 어려서부터 성경을 알았나니 성경은 능히 너로 하여금 그리스도 예수 안에 있는 믿음으로 말미암아 구원에 이르는 지혜가 있게 하느니라 모든 성경은 하나님의 감동으로 된 것으로 교훈과 책망과 바르게 함과 의로 교육하기에 유익하니 이는 하나님의 사람으로 온전하게 하며 모든 선한 일을 행할 능력을 갖추게 하려 함이라" (딤후 3:15-17).

"여호와의 율법은 완전하여 영혼을 소성시키며 여호와의 증거는 확실하여 우둔한 자를 지혜롭게 하며 여호와의 교훈은 정직하여 마음을 기쁘게 하고 여호와의 계명은 순결하여 눈을 밝게 하시도다 여호와를 경외하는 도는 정결하여 영원까지 이르고 여호와의 법도 진실하여 다 의로우니 금 곧 많은 순금보다 더 사모할 것이며 꿀과 송이꿀보다 더 달도다 " (시 19:7-10).

"교만한 자들이 나를 심히 조롱하였어도 나는 주의 법을 떠나지 아니하였나이다 "(시 119:51)

"고관들이 거짓으로 나를 핍박하오나 나의 마음은 주의 말씀만 경외하나이다"(시 119:161)

1. 성경 읽기 프로그램(맥체인성경의 목적)

1) 성경듣기 프로그램 - 드라마성경, 빨리 읽기, 4배속, 8배속 등
2) 성경공부 프로그램 - 주제별, 인물별, 지리별, 사건별, 권별 등
   어! 성경이 읽어지네, 통큰통독, 비전통독, 역사통독 - 기본적 공부전제
3) 성경암기 프로그램 - CCC, IVF 등
4) 성경묵상 프로그램 - 생명의 삶 등
5) 성경읽기 프로그램 - 요한선교단 4박5일
6) 다섯 손가락 말씀먹기 방식

2. 지금까지 일반적으로 어떻게 읽는가?

1) 기간 중심 - 1일1장, 1일3장
2) 자기 기준
3) 편집순 읽기
4) 맥체인방식 - 아침2장 저녁2장 읽기

MEMO

3. 우리가 만든 성경읽기 기준은 위험하다

1) 주관적 성경읽기 - 한달 입산 통독

2) 이단적 성경읽기(비유적 성경읽기)

4. 성경읽는 방법과 목적

1) 내용중심

2) 주제중심

3) 신학중심

4) 역사중심

5) 통일주제 중심

5. 맥체인성경읽기

1) 연구한 방식이다 - 맥체인의 연구

2) 검증된 방식이다 - 로이드존스, 존스토트 사용

6. 맥체인성경읽기 특징

1) 워드링크

2) 통일된 공통주제

3) 하나님 중심

4) 종합적 구속사 접근과 이해

5) 4시대

7. 맥체인성경읽기 방법

1) 입체적 읽기

2) 사면 읽기

3) 코끼리 읽기

4) 양식먹기 - 단품을 뷔페, 퓨전, 코스로 먹기

MEMO

5) 유익하게 읽기

6) 시대적, 공간적 초월하여 읽기

7) 역사이해: 본문속의 역사, 기록시대 역사, 독자시대 역사

8) 핵심내용과 예제내용으로 보기

9) 짝과 대조로 보기

10) 구원역사 - 하나님의 마음과 뜻 찾기

8. 페이퍼 작성하는 팁

1) 읽으면서 중심주제를 생각하여 나열한다. - 통일주제 란에 적는다.

2) 연관된 본문, 중요한 본문, 연결된 본문은 뽑는다. - 핵심요절 란에 적는다.

3) 본문이 아무리 길어도 시간에 맞춰 요절을 조절할 수 있다.

4) 한 장에서 두 개의 묵상 문제를 찾는다. - 묵상하기 란에 적는다.

9. 새벽에 사용시 매우 유익한 점

1) 새벽을 이용한 전체적(전교인적) 통독 시도

2) 성경문제를 통한 복습유도

3) 열심있는 성도와의 유대 강화

4) 이단으로 흐르는 성경해석 차단

MEMO

29 일차 / 365 방법 1월 29일

● **맥체인성경의 통독구조<29>**

성경을 통독하는 이유는 먼저 내용을 알기 위함이다. 하지만 좀 더 나가 묵상을 하고 그 내용을 삶에 적용하기 위함이다. 이를 위하여 다양한 사건의 본문을 대하는 것은 통독자에게 매우 유익하다. 이런 유익함을 제공하는 구조를 맥체인성경은 가지고 있다.

● **찬송가** | 441장

● **말 씀** | 창세기 30장 / 마가복음 1장 / 에스더 6장 / 로마서 1장

창세기 30장 / 자기의 수익을 얻기 위한 방법

- **창30:1-13** 라헬이 자기가 야곱에게서 아들을 낳지 못함을 보고 그의 언니를 시기하여 야곱에게 이르되 내게 자식을 낳게 하라 그렇지 아니하면 내가 죽겠노라…레아가 이르되 기쁘도다 모든 딸들이 나를 기쁜 자라 하리로다 하고 그의 이름을 아셀이라 하였더라
- **창30:22-24** 하나님이 라헬을 생각하신지라 하나님이 그의 소원을 들으시고 그의 태를 여셨으므로 그가 임신하여 아들을 낳고 이르되 하나님이 내 부끄러움을 씻으셨다 하고 그 이름을 요셉이라 하니 여호와는 다시 다른 아들을 내게 더하시기를 원하노라 하였더라
- **창30:30-39** • **창30:43**

마가복음 1장 / 죄인이 속죄를 받을 수 있는 방법

- **막1:1,4-8** 하나님의 아들 예수 그리스도의 복음의 시작이라, 세례 요한이 광야에 이르러 죄 사함을 받게 하는 회개의 세례를 전파하니 온 유대 지방과 예루살렘 사람이 다 나아가 자기 죄를 자복하고 요단 강에서 그에게 세례를 받더라…나는 너희에게 물로 세례를 베풀었거니와 그는 너희에게 성령으로 세례를 베푸시리라
- **막1:14-17** 요한이 잡힌 후 예수께서 갈릴리에 오셔서 하나님의 복음을 전파하여 이르시되 때가 찼고 하나님의 나라가 가까이 왔으니 회개하고 복음을 믿으라 하시더라 … 예수께서 이르시되 나를 따라오라 내가 너희로 사람을 낚는 어부가 되게 하리라 하시니
- **막1:23-26** • **막1:35**

에스더 6장 / 은인을 복주기 위한 지혜로운 방법

- **에6:1-3** 그 날 밤에 왕이 잠이 오지 아니하므로 명령하여 역대 일기를 가져다가 자기 앞에서 읽히더니 …왕이 이르되 이 일에 대하여 무슨 존귀와 관작을 모르드개에게 베풀었느냐 하니 측근 신하들이 대답하되 아무것도 베풀지 아니하였나이다 하니라
- **에6:6-10** 하만이 들어오거늘 왕이 묻되 왕이 존귀하게 하기를 원하는 사람에게 어떻게 하여야 하겠느냐 하만이 심중에 이르되 왕이 존귀하게 하기를 원하시는 자는 나 외에 누구리요 하고 … 너는 네 말대로 속히 왕복과 말을 가져다가 대궐 문에 앉은 유다 사람 모르드개에게 행하되 무릇 네가 말한 것에서 조금도 빠짐이 없이 하라
- **에6:13-14**

로마서 1장 / 바울이 로마인에게 복음을 전하는 방법

- **롬1:2-4** 이 복음은 하나님이 선지자들을 통하여 그의 아들에 관하여 성경에 미리 약속하신 것이라 그의 아들에 관하여 말하면 육신으로는 다윗의 혈통에서 나셨고 성결의 영으로는 2)죽은 자들 가운데서 부활하사 능력으로 하나님의 아들로 선포되셨으니 곧 우리 주 예수 그리스도시니라
- **롬1:7, 11** 로마에서 하나님의 사랑하심을 받고 성도로 부르심을 받은 모든 자에게 하나님 우리 아버지와 주 예수 그리스도로부터 은혜와 평강이 있기를 원하노라, 내가 너희 보기를 간절히 원하는 것은 어떤 신령한 은사를 너희에게 나누어 주어 너희를 견고하게 하려 함이니
- **롬1:14-17, 18, 21, 24, 26, 28, 32**

묵 상
(연합내용)

삶에는 수시로 문제가 발생한다. 그 때 하나님은 믿는 자에게 그 상황과 시대에 맞는 방법을 깨닫게 하시고 지혜롭게 실천하도록 도우신다.

묵상을 위한 질문

1. 야곱에게 사랑을 받던 라헬은 레아를 시기하여 어떤 행동을 취했나요?

2. 야곱은 라반의 집에서 어떤 방법으로 재산을 모았나요?

3. 세례요한이 행한 하나님이 기뻐하시는 일 두 가지는 무엇일까요?

4. 세상 죄를 지고 가신 예수님이 행하신 대표적인 일 세 가지는 무엇일까요?

5. 에스더가 마련한 잔치를 앞둔 전날 밤 아하수에로왕은 무엇을 했나요?

6. 아하수에로왕의 지혜로움과 하만의 미련함은 어떤 미래를 만들었나요?

7. 사도로 부르심을 받고 택정함을 입은 바울은 복음에 대해 어떤 자세를 가졌나요?

8. 바울은 죄인의 영육이 완전부패한 현주소를 어떤 마음의 상태로 설명했나요?

적 용

기 도

• 우리가 매일 하는 일에 큰 열매를 주옵소서.
• 예수님이 우리에게 보여주신 구체적인 삶을 날마다 좇아가게 하옵소서.
• 복음에 대한 분명한 이해와 믿음, 그리고 전파방법을 갖게 하옵소서.

말씀
암송

30 일차 / 365 해결 1월 30일

- **맥체인성경의 통독구조<30>**
  전혀 다른 역사 속에서 믿는 자에게 발생했던 많은 문제들을 현재라는 시점에서 종합하여 묵상하고 현재의 문제를 창조적으로 해결해 가도록 돕는 구조이다.
- **찬송가** | 486장
- **말 씀** | 창세기 31장 / 마가복음2장 / 에스더 7장 / 로마서 2장

창세기 31장 / 야곱의 20년된 숙제가 하나님 안에서 해결됨

- **창31:1-3** 야곱이 라반의 아들들이 하는 말을 들은즉 야곱이 우리 아버지의 소유를 다 빼앗고 우리 아버지의 소유로 말미암아 이 모든 재물을 모았다 하는지라 … 여호와께서 야곱에게 이르시되 네 조상의 땅 네 족속에게로 돌아가라 내가 너와 함께 있으리라 하신지라
- **창31:7** 그대들의 아버지가 나를 속여 품삯을 열 번이나 변경하였느니라 그러나 하나님이 그를 막으사 나를 해치지 못하게 하셨으며
- **창31:12-13** 이르시되 네 눈을 들어 보라 양 떼를 탄 숫양은 다 얼룩무늬 있는 것, 점 있는 것과 아롱진 것이니라 … 네가 거기서 기둥에 기름을 붓고 거기서 내게 서원하였으니 지금 일어나 이 곳을 떠나서 네 출생지로 돌아가라 하셨느니라
- **창31:16, 20-22, 27-29, 36, 40-42**

마가복음 2장 / 중풍병자와 마태의 죄가 주 안에서 해결됨

- **막2:3-5** 사람들이 한 중풍병자를 네 사람에게 메워 가지고 예수께로 올새 무리들 때문에 예수께 데려갈 수 없으므로 그 계신 곳의 지붕을 뜯어 구멍을 내고 중풍병자가 누운 상을 달아 내리니 예수께서 그들의 믿음을 보시고 중풍병자에게 이르시되 작은 자야 네 죄 사함을 받았느니라 하시니
- **막2:10** 그러나 인자가 땅에서 죄를 사하는 권세가 있는 줄을 너희로 알게 하려 하노라 하시고 중풍병자에게 말씀하시되
- **막2:17** 예수께서 들으시고 그들에게 이르시되 건강한 자에게는 의사가 쓸 데 없고 병든 자에게라야 쓸 데 있느니라 나는 의인을 부르러 온 것이 아니요 죄인을 부르러 왔노라 하시니라
- **막2:22, 27-28**

에스더 7장 / 하만의 음모가 잔치에서 공개됨으로 해결됨

- **에7:2-7** 왕이 이 둘째 날 잔치에 술을 마실 때에 다시 에스더에게 물어 이르되 왕후 에스더여 그대의 소청이 무엇이냐 곧 허락하겠노라 그대의 요구가 무엇이냐 곧 나라의 절반이라 할지라도 시행하겠노라 왕후 에스더가 대답하여 이르되 왕이여 내가 만일 왕의 목전에서 은혜를 입었으며 왕이 좋게 여기시면 내 소청대로 내 생명을 내게 주시고 내 요구대로 내 민족을 내게 주소서 나와 내 민족이 팔려서 죽임과 도륙함과 진멸함을 당하게 되었나이다 … 하만이 일어서서 왕후 에스더에게 생명을 구하니 이는 왕이 자기에게 벌을 내리기로 결심한 줄 앎이더라
- **에7:9-10**

로마서 2장 / 율법과 할례의 문제가 믿음으로 해결됨

- **롬2:6-15** 하나님께서 각 사람에게 그 행한 대로 보응하시되 참고 선을 행하여 영광과 존귀와 썩지 아니함을 구하는 자에게는 영생으로 하시고 …무릇 율법 없이 범죄한 자는 또한 율법 없이 망하고 무릇 율법이 있고 범죄한 자는 율법으로 말미암아 심판을 받으리라 하나님 앞에서는 율법을 듣는 자가 의인이 아니요 오직 율법을 행하는 자라야 의롭다 하심을 얻으리니 …
- **롬2:28-29** 무릇 표면적 유대인이 유대인이 아니요 표면적 육신의 할례가 할례가 아니니라 오직 이면적 유대인이 유대인이며 할례는 마음에 할지니 영에 있고 율법 조문에 있지 아니한 것이라 그 칭찬이 사람에게서가 아니요 다만 하나님에게서니라

묵 상
(연합내용)

인간은 언제나 죄의 영향력 안에서 자유로울 수 없다. 그로 인하여 늘 한계에 갇혀 어둠 속에 살게 된다. 그 모든 죄책의 굴레를 벗도록 하나님은 믿는 자에게 은혜의 길을 열어 해결해 주신다.

묵상을
위한
질문

1. 외삼촌 라반과 처남들의 안색이 변하는 것을 느낀 야곱은 어떤 방법으로 이 문제를 해결하려고 했나요?

2. 하나님은 매 순간마다 야곱에게 나타나셔서 어떤 종류의 말씀을 해 주셨나요?

3. 중풍병자가 병에 걸린 원인은 무엇이었나요?

4. 예수님께서 죄인 세리 마태를 제자로 부르신 이유는 무엇일까요?

5. 아하수에로왕이 에스더의 말을 듣고 총애하던 하만을 즉결심판하게 된 것은 실제적으로 어떤 이유와 과정이 있었을까요?

6. 결국 에스더가 마련한 잔치는 어떤 두 가지의 의미를 지니고 있을까요?

7. 바울은 로마인들에게 율법의 굴레를 어떻게 설명하여 해결했나요?

8. 바울은 로마인들에게 할례의 굴레를 어떻게 설명하여 해결했나요?

적 용

기 도

- 늘 성실하고 진실하게 살도록 믿음을 하옵소서.
- 죄로 인하여 무너진 인성과 죄의 삯으로 얻은 병을 주 안에서 풀게 하옵소서.
- 복음을 전할 때 거침돌인 난제를 만나면 지혜롭게 답할 수 있도록 하옵소서.

말씀
암송

31 일차 / 365 해결 1월 31일

• 맥체인성경의 통독구조<31>

한권의 여러 장을 읽을 때 전체 대강의 줄거리를 묵상하는 일반적인 통독과는 달리, 다른 네 권의 한 장씩을 합쳐 네 장을 읽고 링크된 내용을 묵상함으로 다양하게 역사하신 하나님의 구속사를 깨닫는 구조이다.

• 찬송가 | 400장

• 말 씀 | 창세기 32장 / 마가복음 3장 / 에스더 8장 / 로마서 3장

창세기 32장 / 야곱이 어떤 사람과 씨름하여 축복받음

- **창32:4~6** 그들에게 명령하여 이르되 너희는 내 주 에서에게 이같이 말하라 주의 종 야곱이 이같이 말하기를 내가 라반과 함께 거류하며 지금까지 머물러 있었사오며 … 내 주께 은혜 받기를 원하나이다 하라 하였더니 사자들이 야곱에게 돌아와 이르되 우리가 주인의 형 에서에게 이른즉 그가 사백 명을 거느리고 주인을 만나려고 오더이다
- **창32:9** 야곱이 또 이르되 내 조부 아브라함의 하나님, 내 아버지 이삭의 하나님 여호와여 주께서 전에 내게 명하시기를 네 고향, 네 족속에게로 돌아가라 내가 네게 은혜를 베풀리라 하셨나이다
- **창32:12, 16-18, 20, 24-28**

마가복음 3장 / 예수님이 반대자, 서기관들과 씨름하여 교훈을 남김

- **막3:1-5** 예수께서 다시 회당에 들어가시니 한쪽 손 마른 사람이 거기 있는지라 사람들이 예수를 고발하려 하여 안식일에 그 사람을 고치시는가 주시하고 있거늘 예수께서 손 마른 사람에게 이르시되 한 가운데에 일어서라 하시고 그들에게 이르시되 안식일에 선을 행하는 것과 악을 행하는 것, 생명을 구하는 것과 죽이는 것, 어느 것이 옳으냐 하시니 그들이 잠잠하거늘 그들의 마음이 완악함을 탄식하사 노하심으로 그들을 둘러 보시고 그 사람에게 이르시되 네 손을 내밀라 하시니 내밀매 그 손이 회복되었더라
- **막3:14-15** 이에 열둘을 세우셨으니 이는 자기와 함께 있게 하시고 또 보내사 전도도 하며 귀신을 내쫓는 권능도 가지게 하려 하심이러라
- **막3:22-30, 35**

에스더 8장 / 모르드개가 긴박한 상황과 씨름하여 민족을 구함

- **에8:2-5** 왕이 하만에게서 거둔 반지를 빼어 모르드개에게 준지라 에스더가 모르드개에게 하만의 집을 관리하게 하니라 에스더가 다시 왕 앞에서 말씀하며 왕의 발 아래 엎드려 아각 사람 하만이 유다인을 해하려 한 악한 꾀를 제거하기를 울며 구하니 왕이 에스더를 향하여 금규를 내미는지라 에스더가 일어나 왕 앞에 서서 이르되 왕이 만일 즐거워하시며 내가 왕의 목전에 은혜를 입었고 또 왕이 이 일을 좋게 여기시며 나를 좋게 보실진대 조서를 내리사 아각 사람 함므다다의 아들 하만이 왕의 각 지방에 있는 유다인을 진멸하려고 꾀하고 쓴 조서를 철회하소서
- **에8:8-10, 14, 16-17**

로마서 3장 / 바울이 불신, 편견, 이견과 씨름하여 복음을 정립함

- **롬3:4-6** 그럴 수 없느니라 사람은 다 거짓되되 오직 하나님은 참되시다 할지어다 기록된 바 주께서 주의 말씀에 의롭다 함을 얻으시고 판단 받으실 때에 이기려 하심이라 함과 같으니라 그러나 우리 불의가 하나님의 의를 드러나게 하면 무슨 말 하리요 [내가 사람의 말하는 대로 말하노니] 진노를 내리시는 하나님이 불의하시냐 결코 그렇지 아니하니라 만일 그러하면 하나님께서 어찌 세상을 심판하시리요
- **롬3:19-28** 우리가 알거니와 무릇 율법이 말하는 바는 율법 아래에 있는 자들에게 말하는 것이니 이는 모든 입을 막고 온 세상으로 하나님의 심판 아래에 있게 하려 함이라 … 그러므로 사람이 의롭다 하심을 얻는 것은 율법의 행위에 있지 않고 믿음으로 되는 줄 우리가 인정하노라

• 하나님 마음 알아가기 • 나(우리)에게 주시는 말씀

묵 상
(연합내용)

구원과 축복은 쉽게 얻을 수 있는 것이 아니다. 오직 주 안에서 믿음과 온전한 인내로 모든 죄악과 싸워 이기는 자에게 주어지는 것이다.

묵상을 위한 질문

1. 야곱이 형 에서와의 불편한 관계를 풀기 위하여 사용한 두 가지 방법은 무엇일까요?

2. 야곱과 씨름하던 어떤 사람은 야곱을 '이스라엘'이라 개명하였고, 야곱은 씨름했던 장소를 '브니엘'이라 작명했습니다. 성경에서 이름을 새롭게 하는 것는 어떤 의미가 있을까요?

3. 예수님은 안식일을 어떤 날로 이해하고 가르치셨나요?

4. 예수님은 어머니, 형제, 자매를 어떻게 이해하고 가르치셨나요?

5. 모르드개는 하만이 먼저 반포한 동족진멸의 급박한 상황 속에서, 아하수에로왕에게 받은 반지로 어떤 내용의 조서를 다시 작성하여 신속히 반포하고 민족을 구원했나요?

6. 하만과 모르드개의 사건을 보면서 힘과 승리의 논리는 어디에 있음을 알 수 있을까요?

7. 당시 유대인과 할례자들은 무엇으로 하나님의 의를 이룰 수 있다고 생각했나요?

8. 바울은 로마에 있는 유대인과 헬라인에게 율법과 믿음의 관계를 어떻게 설명했나요?

적 용

기 도

• 어려운 문제를 철야하며 주님께 아뢰어 기도로 해결하는 경건을 주옵소서.
• 주께서 한 교회를 섬기도록 맺어주신 성도를 가족처럼 사랑하게 하옵소서.
• 복음의 내용에 대한 확신과 정열적인 전파를 위한 성령충만을 주옵소서.

말씀 암송

32 일차 / 365 승리 2월 1일

- 맥체인성경의 통독구조<32>

1. 입체적 읽기

편집순대로 읽기, 연대기대로 읽기, 입체적으로 읽기

2. 동서남북 4면 보기

사복음서를 통해 입체적인 예수님을 보는 것처럼 신구약 동시통독을 통해 하나님의 역사를 입체적으로 보는 구조이다.

- 찬송가 | **449장**
- 말 씀 | **창세기 33장 / 마가복음 4장 / 에스더 9-10장 / 로마서 4장**

창세기 33장 / **야곱이 에서의 두려움에서 승리**

- **창33:4** 에서가 달려와서 그를 맞이하여 안고 목을 어긋맞추어 그와 입맞추고 서로 우니라
- **창33:9-11** 에서가 이르되 내 동생아 내게 있는 것이 족하니 네 소유는 네게 두라 야곱이 이르되 그렇지 아니하니이다 내가 형님의 눈앞에서 은혜를 입었사오면 청하건대 내 손에서 이 예물을 받으소서 내가 형님의 얼굴을 뵈온즉 하나님의 얼굴을 본 것 같사오며 형님도 나를 기뻐하심이니이다 하나님이 내게 은혜를 베푸셨고 내 소유도 족하오니 청하건대 내가 형님께 드리는 예물을 받으소서 하고 그에게 강권하매 받으니라
- **창33:17-20**

마가복음 4장 / **제자가 무지와 풍랑의 한계에서 승리**

- **막4:10-20** 예수께서 홀로 계실 때에 함께 한 사람들이 열두 제자와 더불어 그 비유들에 대하여 물으니 이르시되 하나님 나라의 비밀을 너희에게는 주었으나 외인에게는 모든 것을 비유로 하나니…세상의 염려와 재물의 유혹과 기타 욕심이 들어와 말씀을 막아 결실하지 못하게 되는 자요 좋은 땅에 뿌려졌다는 것은 곧 말씀을 듣고 받아 삼십 배나 육십 배나 백 배의 결실을 하는 자니라
- **막4:23** 들을 귀 있는 자는 들으라
- **막4:33-34, 37-39**

에스더 9-10장 / **유다인들이 대적의 두려움에서 승리**

- **에9:1-3** 아달월 곧 열두째 달 십삼일은 왕의 어명을 시행하게 된 날이라 유다인의 대적들이 그들을 제거하기를 바랐더니 유다인이 도리어 자기들을 미워하는 자들을 제거하게 된 그 날에 유다인들이 아하수에로 왕의 각 지방, 각 읍에 모여 자기들을 해하고자 한 자를 죽이려 하니 모든 민족이 그들을 두려워하여 능히 막을 자가 없고 각 지방 모든 지방관과 대신들과 총독들과 왕의 사무를 보는 자들이 모르드개를 두려워하므로 다 유다인을 도우니
- **에9:10-14** 곧 함므다다의 손자요 유다인의 대적 하만의 열 아들을 죽였으나 그들의 재산에는 손을 대지 아니하였더라…왕이 그대로 행하기를 허락하고 조서를 수산에 내리니 하만의 열 아들의 시체가 매달리니라
- **에9:22, 26-28** • **에10:2-3**

로마서 4장 / **믿는 자가 불가능의 상황에서 승리**

- **롬4:2-3** 만일 아브라함이 행위로써 의롭다 하심을 받았으면 자랑할 것이 있으려니와 하나님 앞에서는 없느니라 성경이 무엇을 말하느냐 아브라함이 하나님을 믿으매 그것이 그에게 의로 여겨진 바 되었느니라
- **롬4:5** 일을 아니할지라도 경건하지 아니한 자를 의롭다 하시는 이를 믿는 자에게는 그의 믿음을 의로 여기시나니
- **롬4:9-11** 그런즉 이 복이 할례자에게냐 혹은 무할례자에게도냐 무릇 우리가 말하기를 아브라함에게는 그 믿음이 의로 여겨졌다 하노라…
- **롬4:13-15, 17-21, 25**

묵 상
(연합내용)

사람은 극한 상황 속에서 한계와 두려움을 느낀다. 이를 극복하고 해결하는 길은 오직 주님을 믿고 행동하는 것이다.

묵상을 위한 질문

1. 야곱은 하나님의 사자에게 응답을 받았음에도 불구하고 왜 에서를 두려워했을까요?
2. 400명의 장정을 거느리고 야곱을 쫓아온 에서가 그를 만났을 때, 자신에게 주는 예물을 사양하고 경호적인 동행을 자원했던 것은 그의 마음에 어떤 변화가 일어났기 때문일까요?
3. 예수님은 천국과 진리를 제자들에게 어떻게 가르치셨나요?
4. 예수님은 제자들이 풍랑을 만났을 때 두려워함을 보고 무엇이 문제라고 외치셨나요?
5. 에스더의 경건함과 단호함은 오늘 우리에게 어떤 인성적인 교훈을 줄까요?
6. 에스더와 모르드개는 부림절을 제정함으로써 유다인들에게 어떤 의식을 심어주었나요?
7. 바울은 아브라함의 구원이 행위와 할례에서 난 것이 아니고 무엇으로 난 것이라고 했나요?
8. 바울은 선민의 조상인 아브라함의 믿음을 언급하고 있습니다. 아브라함이 무할례자 일 때부터 가지고 있었던 믿음의 내용은 무엇이었나요?

적 용

기 도

- 늘 하나님의 응답을 받고 또 지혜로움으로 대처하여 세상을 이기게 하옵소서.
- 예수의 가르침으로 생각을 정립하고 믿음의 자세로 삶에 담대하게 하옵소서.
- 바울이 외쳤던 성서적인 믿음을 우리도 갖고 행동하게 하옵소서.

말씀 암송

33 일차 / 365 역경 2월 2일

- 맥체인성경의 통독구조<33>
  1. 코끼리 알기
     단면만 경험하는 한계로 전체를 온전히 이해하기 어렵다.
  2. 코, 뿔, 다리, 꼬리 알기
     각각의 특징, 각 지체를 종합적으로 경험함으로 전체를 볼 수 있는 구조이다.
- 찬송가 | 381장
- 말 씀 | 창세기 34장 / 마가복음 5장 / 욥기 1장 / 로마서 5장

창세기 34장 / 야곱과 디나가 겪은 수치스러운 역경

- **창34:1-5** 레아가 야곱에게 낳은 딸 디나가 그 땅의 딸들을 보러 나갔더니 히위 족속 중 하몰의 아들 그 땅의 추장 세겜이 그를 보고 끌어들여 강간하여 욕되게 하고 그 마음이 깊이 야곱의 딸 디나에게 연연하며 그 소녀를 사랑하여 그의 마음을 말로 위로하고 그의 아버지 하몰에게 청하여 이르되 이 소녀를 내 아내로 얻게 하여 주소서 하였더라 야곱이 그 딸 디나를 그가 더럽혔다 함을 들었으나 자기의 아들들이 들에서 목축하므로 그들이 돌아오기까지 잠잠하였고
- **창34:8-10, 14-16, 18-19, 22-27, 30**

마가복음 5장 / 귀신과 질병에 걸린 자들의 괴로운 역경

- **막5:2-5** 배에서 나오시매 곧 더러운 귀신 들린 사람이 무덤 사이에서 나와 예수를 만나니라 그 사람은 무덤 사이에 거처하는데 이제는 아무도 그를 쇠사슬로도 맬 수 없게 되었으니 이는 여러 번 고랑과 쇠사슬에 매였어도 쇠사슬을 끊고 고랑을 깨뜨렸음이러라 그리하여 아무도 그를 제어할 힘이 없는지라 밤낮 무덤 사이에서나 산에서나 늘 소리 지르며 돌로 자기의 몸을 해치고 있었더라
- **막5:8-13** 이는 예수께서 이미 그에게 이르시기를 더러운 귀신아 그 사람에게서 나오라 하셨음이라…허락하신대 더러운 귀신들이 나와서 돼지에게로 들어가매 거의 이천 마리 되는 떼가 바다를 향하여 비탈로 내리달아 바다에서 몰사하거늘
- **막5:22-29, 34, 36, 39-42**

욥기 1장 / 경건한 욥이 사단의 시험을 당하는 역경

- **욥1:1** 우스 땅에 욥이라 불리는 사람이 있었는데 그 사람은 온전하고 정직하여 하나님을 경외하며 악에서 떠난 자더라
- **욥1:8-12** 여호와께서 사탄에게 이르시되 네가 내 종 욥을 주의하여 보았느냐 그와 같이 온전하고 정직하여 하나님을 경외하며 악에서 떠난 자는 세상에 없느니라 …여호와께서 사탄에게 이르시되 내가 그의 소유물을 다 네 손에 맡기노라 다만 그의 몸에는 네 손을 대지 말지니라 사탄이 곧 여호와 앞에서 물러가니라
- **욥1:14-19** • **욥1:20-22**

로마서 5장 / 죄인을 살리기 위한 한 사람의 역경

- **롬5:1** 그러므로 우리가 믿음으로 의롭다 하심을 받았으니 우리 주 예수 그리스도로 말미암아 하나님과 화평을 누리자
- **롬5:3-8** 다만 이뿐 아니라 우리가 환난 중에도 즐거워하나니 이는 환난은 인내를, 인내는 연단을, 연단은 소망을 이루는 줄 앎이로다 소망이 우리를 부끄럽게 하지 아니함은 우리에게 주신 성령으로 말미암아 하나님의 사랑이 우리 마음에 부은 바 됨이니 우리가 아직 연약할 때에 기약대로 그리스도께서 경건하지 않은 자를 위하여 죽으셨도다 의인을 위하여 죽는 자가 쉽지 않고 선인을 위하여 용감히 죽는 자가 혹 있거니와 우리가 아직 죄인 되었을 때에 그리스도께서 우리를 위하여 죽으심으로 하나님께서 우리에 대한 자기의 사랑을 확증하셨느니라
- **롬5:10, 15, 17-19**

• 하나님 마음 알아가기 • 나(우리)에게 주시는 말씀

묵 상
(연합내용)

믿는 가정에 예기치 못하게 찾아오는 우환과 역경이 있다. 그 원인이 무엇이든 그 역경을 통해 우리는 더욱 하나님과 가까워져야 한다.

묵상을 위한 질문

1. 여동생 디나에게 강간사건이 일어났을 때 시므온과 레위는 어떻게 보복했나요?

2. 디나의 강간에 대한 오빠들의 보복사건 후 족장 야곱은 무엇을 걱정했나요?

3. 거라사인의 지방에 군대귀신 들린 사람은 어떤 과정을 통해 치료를 받았나요?

4. 야이로의 병든 어린 딸과 열두 해를 혈루증으로 앓는 여자는 어떤 과정을 통해 회복되었나요?

5. 온전하고 정직하여 하나님을 경외하며 악에서 떠난 욥에게 시험이 다가 온 것은, 인간에게 무엇이 전부가 아님을 가르쳐주고 있을까요?

6. 사단의 여러 가지 시험이 동시에 일어났을 때 욥은 어떻게 반응하였나요?

7. 한 사람 아담으로 말미암아 세상에 무엇이 들어오고 어떤 결과가 나타났나요?

8. 한 사람 예수 그리스도로 말미암아 죄악된 세상에 무엇이 가능해졌으며 어떤 소망이 성취되었나요?

적 용

기 도

- 가정에 억울한 일이 일어났을 때 신앙을 빙자한 방법으로 보복하지 않게 하옵소서.
- 영혼과 육신의 온전한 치료를 위해 주님께 전심으로 나아가게 하옵소서.
- 감당한 할 수 없는 시험이 다가왔을 때 넘어지지 않게 하옵소서.

말씀 암송

34 일차 / 365 반복 2월 3일

● 맥체인성경의 통독구조<34>

1. **영혼의 양식 먹기**
   하나님의 말씀을 먹는 방법은 매우 다양하다.
   듣기, 읽기, 공부하기, 암송하기, 묵상하기 등 매우 많다.
2. **단품, 코스, 퓨전, 뷔페 다양하게 먹기**
   어떤 음식을 어떻게 먹느냐에 따라 그 맛이 다르다. 퓨전식으로 먹는 구조다.

● 찬송가 | 458장

● 말 씀 | 창세기 35-36장 / 마가복음 6장 / 욥기 2장 / 로마서 6장

창세기 35-36장 / 예배와 죽음의 반복

- **창35:1-5** 하나님이 야곱에게 이르시되 일어나 벧엘로 올라가서 거기 거주하며 네가 네 형 에서의 낯을 피하여 도망하던 때에 네게 나타났던 하나님께 거기서 제단을 쌓으라 하신지라 … 그들이 자기 손에 있는 모든 이방 신상들과 자기 귀에 있는 귀고리들을 야곱에게 주는지라 야곱이 그것들을 세겜 근처 상수리나무 아래에 묻고 그들이 떠났으나 하나님이 그 사면 고을들로 크게 두려워하게 하셨으므로 야곱의 아들들을 추격하는 자가 없었더라
- **창35:9-11**
- **창35:17-19, 27-29** • **창36:6-8, 31, 40-43**

마가복음 6장 / 가르침과 배척의 반복

- **막6:2-3** 안식일이 되어 회당에서 가르치시니 많은 사람이 듣고 놀라 이르되 이 사람이 어디서 이런 것을 얻었느냐 이 사람이 받은 지혜와 그 손으로 이루어지는 이런 권능이 어찌됨이냐 이 사람이 마리아의 아들 목수가 아니냐 야고보와 요셉과 유다와 시몬의 형제가 아니냐 그 누이들이 우리와 함께 여기 있지 아니하냐 하고 예수를 배척한지라
- **막6:6** 그들이 믿지 않음을 이상히 여기셨더라
- **막6:17-28** 전에 헤롯이 자기가 동생 빌립의 아내 헤로디아에게 장가 든 고로 이 여자를 위하여 사람을 보내어 요한을 잡아 옥에 가두었으니 …
- **막6:30-31, 34, 41-42, 48-50**

욥기 2장 / 칭찬과 시험의 반복

- **욥2:2-10** 여호와께서 사탄에게 이르시되 네가 어디서 왔느냐 사탄이 여호와께 대답하여 이르되 땅을 두루 돌아 여기 저기 다녀 왔나이다 여호와께서 사탄에게 이르시되 네가 내 종 욥을 주의하여 보았느냐 그와 같이 온전하고 정직하여 하나님을 경외하며 악에서 떠난 자가 세상에 없느니라 네가 나를 충동하여 까닭 없이 그를 치게 하였어도 그가 여전히 자기의 온전함을 굳게 지켰느니라…그가 이르되 그대의 말이 한 어리석은 여자의 말 같도다 우리가 하나님께 복을 받았은즉 화도 받지 아니하겠느냐 하고 이 모든 일에 욥이 입술로 범죄하지 아니하니라
- **욥2:13** 밤낮 칠 일 동안 그와 함께 땅에 앉았으나 욥의 고통이 심함을 보므로 그에게 한마디도 말하는 자가 없었더라

로마서 6장 / 은혜와 죄의 반복

- **롬6:1-3** 그런즉 우리가 무슨 말을 하리요 은혜를 더하게 하려고 죄에 거하겠느냐 그럴 수 없느니라 죄에 대하여 죽은 우리가 어찌 그 가운데 더 살리요 무릇 그리스도 예수와 합하여 세례를 받은 우리는 그의 죽으심과 합하여 세례를 받은 줄을 알지 못하느냐
- **롬6:6-7** 우리가 알거니와 우리의 옛 사람이 예수와 함께 십자가에 못 박힌 것은 죄의 몸이 죽어 다시는 우리가 죄에게 종 노릇 하지 아니하려 함이니 이는 죽은 자가 죄에서 벗어나 의롭다 하심을 얻었음이라
- **롬6:12-15** 그러므로 너희는 죄가 너희 죽을 몸을 지배하지 못하게 하여 몸의 사욕에 순종하지 말고 또한 너희 지체를 불의의 무기로 죄에게 내주지 말고 오직 너희 자신을 죽은 자 가운데서 다시 살아난 자 같이 하나님께 드리며 너희 지체를 의의 무기로 하나님께 드리라…
- **롬6:17-18, 22-23**

• 하나님 마음 알아가기 • 나(우리)에게 주시는 말씀

묵 상
(연합내용)

우리 앞에는 선한 것과 악한 것이 반복된다. 구원받은 우리에게 의와 죄가 반복됨을 알고 믿음과 의지로 승리해야 한다.

묵상을 위한 질문

1. 야곱은 도망할 때와 부자가 되어 돌아왔을 때 벧엘에서 제단을 쌓았습니다. 각각 어떤 점이 다를까요? 우리에게는 신앙성장에 어떤 교훈을 줄까요?

2. 에서의 후손과 에돔의 왕들이 야곱의 후손보다 잘 된 것은 무엇 때문일까요?

3. 예수님과 제자들이 유대인들에게 지속적으로 가르치신 내용은 무엇이었을까요?

4. 구원의 진리를 가르치신 예수님을 끊임없이 배척한 세력들은 누구였을까요?

5. 첫 번째 사단의 혹독한 시험이 끝난 후 하나님은 욥을 어떻게 평가하셨나요?

6. 욥을 향한 사단의 두 번째 처절한 시험은 어떤 것이었을까요?

7. 바울은 죄인을 향한 하나님의 절대적 은혜에 대해 어떤 것들이 있음을 언급했나요?

8. 바울이 믿는 자에게 부활에 참여하기 위하여 신신당부한 내용은 무엇이었나요?

적 용

기 도

- 어떤 상황에서도 약속을 믿고 예배하게 하옵소서.
- 시험이 몰려왔을 때 입술로 범죄하지 않게 하옵소서.
- 구원의 소중함을 알고 죄를 멀리하는 강한 신앙적인 믿음을 주옵소서.

말씀
암송

35 일차 / 365 곤고 2월 4일

- 맥체인성경의 통독구조<35>

1. **통일성**
   구약과 신약은 구속사와 예수 그리스도 안에서 연결되고 통일된다.
2. **워드링크(Word Link)**
   매 본문에는 단어연결과 의미연결이 있다.
   성경에는 같은 단어가 연결되고, 다른 단어지만 뜻이 같아 연결된다.
   그것을 연결함으로 통일주제를 찾아 묵상하는 구조이다.

- 찬송가 | 380장
- 말 씀 | 창세기 37장 / 마가복음 7장 / 욥기 3장 / 로마서 7장

창세기 37장 / 꿈을 꾼 요셉에게 닥친 곤고

- **창37:2** 야곱의 족보는 이러하니라 요셉이 십칠 세의 소년으로서 그의 형들과 함께 양을 칠 때에 그의 아버지의 아내들 빌하와 실바의 아들들과 더불어 함께 있었더니 그가 그들의 잘못을 아버지에게 말하더라
- **창37:4-8** 그의 형들이 아버지가 형들보다 그를 더 사랑함을 보고 그를 미워하여 그에게 편안하게 말할 수 없었더라 … 우리가 밭에서 곡식 단을 묶더니 내 단은 일어서고 당신들의 단은 내 단을 둘러서서 절하더이다 그의 형들이 그에게 이르되 네가 참으로 우리의 왕이 되겠느냐 참으로 우리를 다스리게 되겠느냐 하고 그의 꿈과 그의 말로 말미암아 그를 더욱 미워하더니
- **창37:16-20, 26-27, 36**

마가복음 7장 / 귀신들린 딸을 둔 여자의 곤고

- **막7:7-9** 사람의 계명으로 교훈을 삼아 가르치니 나를 헛되이 경배하는도다 하였느니라 너희가 하나님의 계명은 버리고 사람의 전통을 지키느니라 또 이르시되 너희가 너희 전통을 지키려고 하나님의 계명을 잘 저버리는도다
- **막7:13-16** 너희가 전한 전통으로 하나님의 말씀을 폐하며 또 이같은 일을 많이 행하느니라 하시고 무리를 다시 불러 이르시되 너희는 다 내 말을 듣고 깨달으라 무엇이든지 밖에서 사람에게로 들어가는 것은 능히 사람을 더럽게 하지 못하되 사람 안에서 나오는 것이 사람을 더럽게 하는 것이니라 하시고
- **막7:20-23, 25, 32-35**

욥기 3장 / 질병 속에 신음하는 욥의 곤고

- **욥3:1** 그 후에 욥이 입을 열어 자기의 생일을 저주하니라
- **욥3:10-11** 이는 내 모태의 문을 닫지 아니하여 내 눈으로 환난을 보게 하였음이로구나 어찌하여 내가 태에서 죽어 나오지 아니하였던가 어찌하여 내 어머니가 해산할 때에 내가 숨지지 아니하였던가
- **욥3:16** 또는 낙태되어 땅에 묻힌 아이처럼 나는 존재하지 않았겠고 빛을 보지 못한 아이들 같았을 것이라
- **욥3:20-22** 어찌하여 고난 당하는 자에게 빛을 주셨으며 마음이 아픈 자에게 생명을 주셨는고 … 죽음을 구하는 것을 더하다가 무덤을 찾아 얻으면 심히 기뻐하고 즐거워하나니
- **욥3:24-26**

로마서 7장 / 선과 악이 공존하는 바울의 곤고

- **롬7:1** 형제들아 내가 법 아는 자들에게 말하노니 너희는 그 법이 사람이 살 동안만 그를 주관하는 줄 알지 못하느냐
- **롬7:4-6**그러므로 내 형제들아 너희도 그리스도의 몸으로 말미암아 율법에 대하여 죽임을 당하였으니 이는 다른 이 곧 죽은 자 가운데서 살아나신 이에게 가서 우리가 하나님을 위하여 열매를 맺게 하려 함이라 … 이제는 우리가 얽매였던 것에 대하여 죽었으므로 율법에서 벗어났으니 이러므로 우리가 영의 새로운 것으로 섬길 것이요 율법 조문의 묵은 것으로 아니할지니라
- **롬7:9-11, 15-19, 21-25**

• 하나님 마음 알아가기 • 나(우리)에게 주시는 말씀

묵 상
(연합내용)

깊은 신앙을 가지고 있는 자에게 신앙의 의지로 해결하기 어려운 다양한 형태의 곤고함이 발생한다. 오직 주님만이 해답이시다.

묵상을 위한 질문

1. 아버지에게는 특별한 사랑을, 하나님에게는 특별한 꿈은 받은 요셉은 어떤 장단점이 있었나요?

2. 르우벤과 유다는 각각 미움받는 요셉에 대하여 어떤 대책을 세웠나요?

3. 예수님은 장로들의 전통과 사람의 계명에 대하여 어떤 교훈을 남기셨나요?

4. 귀신들린 딸과 귀 먹고 말 더듬는 자의 치유는 누구의 믿음 때문에 일어났나요?

5. 욥은 자신에게 닥친 곤고함으로 인하여 어떤 절망적인 독백을 했나요?

6. 욥은 곤고함 속에서 하나님에 대해 어떤 신앙관을 가지고 있었나요?

7. 바울이 자신을 "오호라! 나는 곤고한 사람이로다"라고 말한 이유는 무엇일까요?

8. 바울은 율법에 대해 어떻게 이해하고 가르쳤나요?

적 용

기 도

- 요셉처럼 하나님의 주권적인 꿈(비전)을 주옵소서.
- 영혼과 육신의 건강을 주옵소서.
- 성도 안에서 일어나는 영적, 심적 갈등을 온전히 풀게 하옵소서.

말씀 암송

36 일차 / 365 역전 2월 5일

- **맥체인성경의 통독구조<36>**

1. 편하게 읽을 것인가, 유익하게 읽을 것인가?
   편하게 읽는 다는 것은 생각을 단순화 시킨다.
   유익하게 읽으려면 사고를 동원해야 한다.
2. 익숙하게 읽을 것인가, 새롭게 읽을 것인가?
   습관적으로, 전통적으로 읽으면 익숙하게 읽을 수 있다. 새롭게 읽으려면 지도와 도움이 필요하다. 맥체인통독은 유익하고 새롭게 읽는 방식이다.

- **찬송가 | 263장**
- **말 씀 | 창세기 38장 / 마가복음 8장 / 욥기 4장 / 로마서 8장**

창세기 38장 / 변장을 통해 유다를 이긴 며느리 다말의 역전

- **창38:6-7** 유다가 장자 엘을 위하여 아내를 데려오니 그의 이름은 다말이더라 유다의 장자 엘이 여호와가 보시기에 악하므로 여호와께서 그를 죽이신지라
- **창38:11** 유다가 그의 며느리 다말에게 이르되 수절하고 네 아버지 집에 있어 내 아들 셀라가 장성하기를 기다리라 하니 셀라도 그 형들 같이 죽을까 염려함이라 다말이 가서 그의 아버지 집에 있으니라
- **창38:13-15, 18-20, 24-26**

마가복음 8장 / 기적을 통해 연약한 자를 돌보신 예수의 역전

- **막8:6-9** 예수께서 무리를 명하여 땅에 1)앉게 하시고 떡 일곱 개를 가지사 축사하시고 떼어 제자들에게 주어 나누어 주게 하시니 제자들이 무리에게 나누어 주더라 또 작은 생선 두어 마리가 있는지라 … 배불리 먹고 남은 조각 일곱 광주리를 거두었으며 사람은 약 사천 명이었더라 예수께서 그들을 흩어 보내시고
- **막8:19-20** 내가 떡 다섯 개를 오천 명에게 떼어 줄 때에 조각 몇 바구니를 거두었더냐 이르되 열둘이니이다 또 일곱 개를 사천 명에게 떼어 줄 때에 조각 몇 광주리를 거두었더냐 이르되 일곱이니이다
- **막8:23-25, 29-31, 34-35, 38**

욥기 4장 / 평가를 통해 나를 더 돌아보게 되는 욥의 역전

- **욥4:3-7** 보라 전에 네가 여러 사람을 훈계하였고 손이 늘어진 자를 강하게 하였고 넘어지는 자를 말로 붙들어 주었고 무릎이 약한 자를 강하게 하였거늘 이제 이 일이 네게 이르매 네가 힘들어 하고 이 일이 네게 닥치매 네가 놀라는구나 네 경외함이 네 자랑이 아니냐 네 소망이 네 온전한 길이 아니냐 생각하여 보라 죄 없이 망한 자가 누구인가 정직한 자의 끊어짐이 어디 있는가
- **욥4:17-20** 사람이 어찌 하나님보다 의롭겠느냐 사람이 어찌 그 창조하신 이보다 깨끗하겠느냐 …아침과 저녁 사이에 부스러져 가루가 되며 영원히 사라지되 기억하는 자가 없으리라

로마서 8장 / 성령을 통해 곤고함을 뛰어넘은 바울의 역전

- **롬8:1-2** 그러므로 이제 그리스도 예수 안에 있는 자에게는 결코 정죄함이 없나니 이는 그리스도 예수 안에 있는 생명의 성령의 법이 죄와 사망의 법에서 너를 해방하였음이라
- **롬8:5-9** 육신을 따르는 자는 육신의 일을, 영을 따르는 자는 영의 일을 생각하나니 육신의 생각은 사망이요 영의 생각은 생명과 평안이니라 … 만일 너희 속에 하나님의 영이 거하시면 너희가 육신에 있지 아니하고 영에 있나니 누구든지 그리스도의 영이 없으면 그리스도의 사람이 아니라
- **롬8:11, 14-16, 26-28, 33-34, 35, 37**

• 하나님 마음 알아가기 • 나(우리)에게 주시는 말씀

묵 상
(연합내용)

믿는 자가 내적 외적으로 힘든 환경에 처했을 때 성삼위일체 하나님은 우리가 생각하지 못한 방법으로 교훈하시며 깨닫고 일어서게 하신다.

묵상을 위한 질문

1. 유다가 가나안 사람 수아의 딸과 동침하여 낳은 세 아들은 여호와 보시기에 어떤 성품을 갖고 살았나요?

2. 유다가 둘째 아들 오난에게 지시한 계대결혼은 무슨 목적으로 행하여졌나요?

3. 예수님의 칠병이어 기적과 맹인의 치유는 어떤 동기에서 시작되었나요?

4. 예수 그리스도에 대한 신앙고백은 어떤 책임과 축복이 따를까요?

5. 데만 사람 엘리바스가 찾아와 욥에 대하여 평가한 말은 욥에게 어떤 고뇌와 아픔을 주었을까요?

6. 데만 사람 엘리바스는 어떤 신관(하나님에 대한 이해)을 가지고 있었나요?

7. 성령이 믿는 자에게 주시는 은혜와 선물에는 어떤 것이 있을까요?

8. 예수 그리스도를 통해 나타난 하나님의 사랑은 어떤 절대성을 갖고 있나요?

적 용

기 도

• 힘들고 어려울 때 주님과 함께 있게 하시고 인내로 승리하게 하옵소서.
• 예수 그리스도의 긍휼하심과 성령의 돌보심을 의심하지 않게 하옵소서.

말씀 암송

37 일차 / 365 떠남 2월 6일

- **맥체인성경의 통독구조<37>**

1. **하나님의 섭리의 다각성**
   하나님의 섭리(뜻)는 다양한 방향과 다양한 방법으로 나타난다.
2. **시대적, 공간적 역사하심 찾기**
   하나님의 일하심은 시대적으로 공간적으로 섬세하게 나타나며 또 큰 역사를 이루어 가신다. 이것을 찾는 구조이다.

- **찬송가** | 14장
- **말 씀** | 창세기 39장 / 마가복음 9장 / 욥기 5장 / 로마서 9장

창세기 39장 / 요셉이 달콤한 유혹과 시험으로부터 떠남

- **창39:1-4** 요셉이 이끌려 애굽에 내려가매 바로의 신하 친위대장 애굽 사람 보디발이 그를 그리로 데려간 이스마엘 사람의 손에서 요셉을 사니라 여호와께서 요셉과 함께 하시므로 그가 형통한 자가 되어 그의 주인 애굽 사람의 집에 있으니 그의 주인이 여호와께서 그와 함께 하심을 보며 또 여호와께서 그의 범사에 형통하게 하심을 보았더라 요셉이 그의 주인에게 은혜를 입어 섬기매 그가 요셉을 가정 총무로 삼고 자기의 소유를 다 그의 손에 위탁하니
- **창39:7-10** • **창39:12-15, 19-23**

마가복음 9장 / 예수와 제자가 악한 세상과 범죄로부터 떠남

- **막9:7-10** 마침 구름이 와서 그들을 덮으며 구름 속에서 소리가 나되 이는 내 사랑하는 아들이니 너희는 그의 말을 들으라 하는지라 문득 둘러보니 아무도 보이지 아니하고 오직 예수와 자기들뿐이었더라 그들이 산에서 내려올 때에 예수께서 경고하시되 인자가 죽은 자 가운데서 살아날 때까지는 본 것을 아무에게도 이르지 말라 하시니 그들이 이 말씀을 마음에 두며 서로 문의하되 죽은 자 가운데서 살아나는 것이 무엇일까 하고
- **막9:19-20** 대답하여 이르시되 믿음이 없는 세대여 내가 얼마나 너희와 함께 있으며 얼마나 너희에게 참으리요 그를 내게로 데려오라 하시매 이에 데리고 오니 귀신이 예수를 보고 곧 그 아이로 심히 경련을 일으키게 하는지라 그가 땅에 엎드러져 구르며 거품을 흘리더라
- **막9:23-29, 31, 43-49**

욥기 5장 / 엘리바스가 벗의 이해와 공감으로부터 떠남

- **욥5:1** 너는 부르짖어 보라 네게 응답할 자가 있겠느냐 거룩한 자 중에 네가 누구에게로 향하겠느냐
- **욥5:8-11** 나라면 하나님을 찾겠고 내 일을 하나님께 의탁하리라 하나님은 헤아릴 수 없이 큰 일을 행하시며 기이한 일을 셀 수 없이 행하시나니 비를 땅에 내리시고 물을 밭에 보내시며 낮은 자를 높이 드시고 애곡하는 자를 일으키사 구원에 이르게 하시느니라
- **욥5:17-21, 25, 27**

로마서 9장 / 믿는 자는 주님의 진노와 심판으로부터 떠남

- **롬9:1-5** 내가 그리스도 안에서 참말을 하고 거짓말을 아니하노라 나에게 큰 근심이 있는 것과 마음에 그치지 않는 고통이 있는 것을 내 양심이 성령 안에서 나와 더불어 증언하노니 나의 형제 곧 골육의 친척을 위하여 내 자신이 저주를 받아 그리스도에게서 끊어질지라도 원하는 바로라 그들은 이스라엘 사람이라 그들에게는 양자 됨과 영광과 언약들과 율법을 세우신 것과 예배와 약속들이 있고 조상들도 그들의 것이요 육신으로 하면 그리스도가 그들에게서 나셨으니 그는 만물 위에 계셔서 세세에 찬양을 받으실 하나님이시니라 아멘
- **롬9:18, 19-24, 27, 29, 33**

묵 상
(연합내용)

사람은 누구나 시간과 공간 속에서 끊임없이 선택해야 한다. 특히 믿는 자는 선악간의 선택기로에 서게 된다. 믿음의 영웅은 언제나 선택에 있어서 갈등하지 않고 온전히 승리한다.

묵상을
위한
질문

1. 요셉이 잘 한 것과 하나님이 함께해 주신 것에는 어떤 것들이 있을까요?

2. 요셉을 볼 때 하나님은 사람을 훈련시켜 쓰시려고 어떤 부분을 간섭하시나요?

3. 예수님이 세 제자와 함께 변화산에 오르신 이유는 무엇일까요?

4. 예수님은 귀신 들린 아들을 데리고 온 아버지에게 무엇을 요구하셨나요?

5. 욥에게 찾아온 벗 엘리바스는 어떤 고정관념으로 욥의 고난을 평가했나요?

6. 벗 엘리바스는 욥에게 고난에서 벗어나려면 어떻게 해야한다고 권면했나요?

7. 바울이 저주를 받을지언정 목숨걸고 간절히 소망했던 것은 무엇일까요?

8. 바울은 구원과 심판에 있어서 하나님의 주권성과 인간의 자유의지가 어떤 관계를 가지고 있다고 설명했나요?

적 용

기 도

- 요셉처럼 신앙에서 비롯된 강한 의지를 주옵소서.
- 자녀의 문제를 온전히 풀 수 있는 믿음과 기도의 권세를 주옵소서.
- 사람에게 위로받지 못할지라도 성서적인 견고한 신앙으로 인내하게 하옵소서.

말씀
암송

38 일차 / 365 알림 2월 7일

● 맥체인성경의 통독구조<38>

1. **역사이해**
   각자 다른 성경책(장)의 배경 속에서 문학적 배경을 파악한다.
   과거의 역사를 살피고 오늘의 관점에서 다시 해석한다.
2. **본문시대의 역사, 기록시대의 역사, 독자시대의 역사**
   성경에 세 가지 역사가 문학적으로 전개됨을 파악하며 묵상하는 구조이다.

● 찬송가 | 300장

● 말 씀 | 창세기 40장 / 마가복음 10장 / 욥기 6장 / 로마서 10장

창세기 40장 / **요셉이 꿈을 꾼 관원장들에게 해석을 알림**

- **창40:1-3** 그 후에 애굽 왕의 술 맡은 자와 떡 굽는 자가 그들의 주인 애굽 왕에게 범죄한지라 바로가 그 두 관원장 곧 술 맡은 관원장과 떡 굽는 관원장에게 노하여 그들을 친위대장의 집 안에 있는 옥에 가두니 곧 요셉이 갇힌 곳이라
- **창40:8-14** 그들이 그에게 이르되 우리가 꿈을 꾸었으나 이를 해석할 자가 없도다 요셉이 그들에게 이르되 해석은 하나님께 있지 아니하니이까 청하건대 내게 이르소서 … 당신이 잘 되시거든 나를 생각하고 내게 은혜를 베풀어서 내 사정을 바로에게 아뢰어 이 집에서 나를 건져 주소서
- **창40:20-23**

마가복음 10장 / **주님이 찾아 온 자들에게 진리를 알림**

- **막10:2** 바리새인들이 예수께 나아와 그를 시험하여 묻되 사람이 아내를 버리는 것이 옳으니이까
- **막10:6-9** 창조 때로부터 사람을 남자와 여자로 지으셨으니 이러므로 사람이 그 부모를 떠나서 그 둘이 한 몸이 될지니라 이러한즉 이제 둘이 아니요 한 몸이니 그러므로 하나님이 짝지어 주신 것을 사람이 나누지 못할지니라 하시더라
- **막10:14** 예수께서 보시고 노하시어 이르시되 어린 아이들이 내게 오는 것을 용납하고 금하지 말라 하나님의 나라가 이런 자의 것이니라
- **막10:16-18, 21-22, 25-31, 33-37, 45**

욥기 6장 / **욥이 충고한 엘리바스에게 중심을 알림**

- **욥6:2-4** 나의 괴로움을 달아 보며 나의 파멸을 저울 위에 모두 놓을 수 있다면 바다의 모래보다도 무거울 것이라 그러므로 나의 말이 경솔하였구나 전능자의 화살이 내게 박히매 나의 영이 그 독을 마셨나니 하나님의 두려움이 나를 엄습하여 치는구나
- **욥6:8-10** 나의 간구를 누가 들어 줄 것이며 나의 소원을 하나님이 허락하시랴 이는 곧 나를 멸하시기를 기뻐하사 하나님이 그의 손을 들어 나를 끊어 버리실 것이라 그러할지라도 내가 오히려 위로를 받고 그칠 줄 모르는 고통 가운데서도 기뻐하는 것은 내가 거룩하신 이의 말씀을 거역하지 아니하였음이라
- **욥6:14-15, 21-25**

로마서 10장 / **바울이 이스라엘에게 복음전파 과정을 알림**

- **롬10:1** 형제들아 내 마음에 원하는 바와 하나님께 구하는 바는 이스라엘을 위함이니 곧 그들로 구원을 받게 함이라
- **롬10:3-4** 하나님의 의를 모르고 자기 의를 세우려고 힘써 하나님의 의에 복종하지 아니하였느니라 그리스도는 모든 믿는 자에게 의를 이루기 위하여 율법의 마침이 되시니라
- **롬10:8-10** 그러면 무엇을 말하느냐 말씀이 네게 가까워 네 입에 있으며 네 마음에 있다 하였으니 곧 우리가 전파하는 믿음의 말씀이라 … 사람이 마음으로 믿어 의에 이르고 입으로 시인하여 구원에 이르느니라
- **롬10:13-15, 17, 19-21**

묵 상
(연합내용)

성경은 말씀이다. 하나님의 뜻과 예수그리스도의 진리를 전하는 책이다. 꿈과 생각, 그리고 말과 환경을 통해서 모든 내용을 알려 주신다.

묵상을 위한 질문

1. 고난의 현장인 감옥생활 속에서도 요셉은 어떤 성품을 보여 주었나요?

2. 하나님이 요셉과 함께 하심으로 그에게 나타난 놀라운 일들은 무엇이었나요?

3. 예수님께 다가 온 어린아이들과 맹인 바디매오의 공통점은 무엇일까요?

4. 재물이 많은 사람과 세베대의 아들 야고보, 요한의 공통점은 무엇일까요?

5. 욥의 고백에 의하면 그는 그칠 줄 모르는 고통 가운데서도 어떻게 기뻐할 수 있었나요?

6. 욥은 찾아온 친구 엘리바스의 충고를 들었을 때 마음이 어떻다고 했나요?

7. 바울의 소원과 기도는 무엇일까요?

8. 바울은 복음이 한 영혼에게 전파되기까지 어떤 과정이 있다고 설명했나요?

적 용

기 도

• 어떤 상황 속에서도 요셉과 욥처럼 하나님을 믿는 믿음으로 승리하게 하옵소서.
• 가난하고 병약할 때와 부요하고 강건할 때 변함없이 주를 따르게 하옵소서.
• 바울처럼 동족 대한민국을 마음에 품고 복음을 전하는 자가 되게 하옵소서.

말씀
암송

39 일차 / 365 권위 2월 8일

• 맥체인성경의 통독구조<39>

다른 성경과 통독하는 방법이 다를 뿐이지 이 성경책이 절대적인 것은 아니다.

1) 파편적으로 듣는 말씀

우리가 듣는 설교는 설교자의 주관적 선택에 의해 듣게되는 경우가 많다.

단, 강해설교는 예외일 수 있다.

2) 종합적으로 듣는 말씀

입체적이고 사면적으로 통독하기 때문에 종합적인 말씀이 될 수 있다.

• 찬송가 | 382장

• 말 씀 | 창세기 41장 / 마가복음 11장 / 욥기 7장 / 로마서 11장

창세기 41장 / 애굽을 통치하는 요셉의 권위

• **창41:1-7** 만 이 년 후에 바로가 꿈을 꾼즉 자기가 나일 강 가에 서 있는데 보니 아름답고 살진 일곱 암소가 강 가에서 올라와 갈밭에서 뜯어먹고 그 뒤에 또 흉하고 파리한 다른 일곱 암소가 나일 강 가에서 올라와 그 소와 함께 나일 강 가에 서 있더니 그 흉하고 파리한 소가 그 아름답고 살진 일곱 소를 먹은지라 바로가 곧 깨었다가 다시 잠이 들어 꿈을 꾸니 한 줄기에 무성하고 충실한 일곱 이삭이 나오고 그 후에 또 가늘고 동풍에 마른 일곱 이삭이 나오더니 그 가는 일곱 이삭이 무성하고 충실한 일곱 이삭을 삼킨지라 바로가 깬즉 꿈이라

• **창41:13-16, 25-27, 32-41, 46, 51-52, 55-57**

마가복음 11장 / 만물을 통치하는 예수의 권위

• **막11:2** 이르시되 너희는 맞은편 마을로 가라 그리로 들어가면 곧 아직 아무도 타 보지 않은 나귀 새끼가 매여 있는 것을 보리니 풀어 끌고 오라

• **막11:7-10** 나귀 새끼를 예수께로 끌고 와서 자기들의 겉옷을 그 위에 얹어 놓으매 예수께서 타시니 … 앞에서 가고 뒤에서 따르는 자들이 소리 지르되 호산나 찬송하리로다 주의 이름으로 오시는 이여 찬송하리로다 오는 우리 조상 다윗의 나라여 가장 높은 곳에서 호산나 하더라

• **막11:13-17** 멀리서 잎사귀 있는 한 무화과나무를 보시고 혹 그 나무에 무엇이 있을까 하여 가셨더니 가서 보신즉 잎사귀 외에 아무 것도 없더라 이는 무화과의 때가 아님이라 …

• **막11:23-25, 28-30**

욥기 7장 / 인생을 주관하시는 하나님의 권위

• **욥7:1-2** 이 땅에 사는 인생에게 힘든 노동이 있지 아니하겠느냐 그의 날이 품꾼의 날과 같지 아니하겠느냐 종은 저녁 그늘을 몹시 바라고 품꾼은 그의 삯을 기다리나니

• **욥7:5** 내 살에는 구더기와 흙 덩이가 의복처럼 입혀졌고 내 피부는 굳어졌다가 터지는구나

• **욥7:7-8** 내 생명이 한낱 바람 같음을 생각하옵소서 나의 눈이 다시는 행복을 보지 못하리이다 나를 본 자의 눈이 다시는 나를 보지 못할 것이고 주의 눈이 나를 향하실지라도 내가 있지 아니하리이다

• **욥7:11, 15-19, 21**

로마서 11장 / 남은 자를 주관하시는 하나님의 권위

• **롬11:1** 그러므로 내가 말하노니 하나님이 자기 백성을 버리셨느냐 그럴 수 없느니라 나도 이스라엘인이요 아브라함의 씨에서 난 자요 베냐민 지파라

• **롬11:5** 그런즉 이와 같이 지금도 은혜로 택하심을 따라 남은 자가 있느니라

• **롬11:11-12** 그러므로 내가 말하노니 그들이 넘어지기까지 실족하였느냐 그럴 수 없느니라 그들이 넘어짐으로 구원이 이방인에게 이르러 이스라엘로 시기나게 함이니라 그들의 넘어짐이 세상의 풍성함이 되며 그들의 실패가 이방인의 풍성함이 되거든 하물며 그들의 충만함이리요

• **롬11:14, 16-20, 23-25, 29, 33-36**

• 하나님 마음 알아가기 • 나(우리)에게 주시는 말씀

묵 상
(연합내용)

하나님은 개인이나 나라를 다스리는 자신의 절대적인 권위를 믿음의 일꾼들에게 나눠주심으로 세상을 의롭게 만드시며 구원하신다.

묵상을 위한 질문

1. 하나님은 꿈을 통해 바로에게 애굽의 미래를 보여 주셨는데 이로 인해 요셉은 어떤 자리에 오르게 되었나요?

2. 요셉은 꿈의 해석이 하나님께 있다고 했는데 그럼 대안은 누구에 있을까요?

3. 무화과나무의 저주사건와 성전청결사건은 예수님의 어떤 권위를 나타낼까요?

4. 성전이 본래의 목적대로 만민이 기도하는 집이 되려면 무엇을 갖춰야 할까요?

5. 욥은 자신의 고통이 너무 큼으로 인해 하나님께 어떤 불평을 했나요?

6. 하나님의 권위를 인정하는 욥은 어떤 간구를 하나님께 드렸나요?

7. 바울은 무엇에 근거하여 이스라엘백성이 구원을 받을 것을 확신했나요?

8. 바울은 접붙임의 원리로 구원을 설명했는데 그 구체적인 내용은 무엇일까요?

적 용

기 도

• 하나님의 주권과 권위를 온전히 인정하고 범사에 순종하게 하옵소서.
• 하나님의 구원하심이 나의 충성을 통해 이웃에게 넘쳐나게 하옵소서.

말씀 암송

40 일차 / 365 생활 2월 9일

- 맥체인성경의 통독구조<40>

창세기~역대하 : 만물의 시작과 이스라엘의 시작
에스라~말라기 : 이스라엘의 멸망과 새 시대의 시작
마태복음~요한복음 : 예수의 복음사역과 십자가 구속
사도행전~요한계시록 : 교회의 시작과 선교

- 찬송가 | 347장
- 말 씀 | 창세기 42장 / 마가복음 12장 / 욥기 8장 / 로마서 12장

창세기 42장 / 어려운 일을 만났을 때 가족의 지혜로운 생활

- **창42:1-2** 그 때에 야곱이 애굽에 곡식이 있음을 보고 아들들에게 이르되 너희는 어찌하여 서로 바라보고만 있느냐 야곱이 또 이르되 내가 들은즉 저 애굽에 곡식이 있다 하니 너희는 그리로 가서 거기서 우리를 위하여 사오라 그러면 우리가 살고 죽지 아니하리라 하매
- **창42:6-7** 때에 요셉이 나라의 총리로서 그 땅 모든 백성에게 곡식을 팔더니 요셉의 형들이 와서 그 앞에서 땅에 엎드려 절하매 …너희가 어디서 왔느냐 그들이 이르되 곡물을 사려고 가나안에서 왔나이다
- **창42:12-13, 17-22, 28, 36-37**

마가복음 12장 / 불신앙의 사회 속에서 성도가 지켜야 할 생활

- **막12:1** 예수께서 비유로 그들에게 말씀하시되 한 사람이 포도원을 만들어 산울타리로 두르고 즙 짜는 틀을 만들고 망대를 지어서 농부들에게 세로 주고 타국에 갔더니
- **막12:6-8** 이제 한 사람이 남았으니 곧 그가 사랑하는 아들이라 최후로 이를 보내며 이르되 내 아들은 존대하리라 하였더니 그 농부들이 서로 말하되 이는 상속자니 자 죽이자 그러면 그 유산이 우리 것이 되리라 하고 이에 잡아 죽여 포도원 밖에 내던졌느니라
- **막12:15-17, 22-25, 27-32, 34, 41-44**

욥기 8장 / 고통 중에 있는 욥을 향한 빌닷의 그릇된 생활

- **욥8:1-4** 수아 사람 빌닷이 대답하여 이르되 네가 어느 때까지 이런 말을 하겠으며 어느 때까지 네 입의 말이 거센 바람과 같겠는가 하나님이 어찌 정의를 굽게 하시겠으며 전능하신 이가 어찌 공의를 굽게 하시겠는가 네 자녀들이 주께 죄를 지었으므로 주께서 그들을 그 죄에 버려두셨나니
- **욥8:8** 청하건대 너는 옛 시대 사람에게 물으며 조상들이 터득한 일을 배울지어다
- **욥8:10** 그들이 네게 가르쳐 이르지 아니하겠느냐 그 마음에서 나오는 말을 하지 아니하겠느냐
- **욥8:13-15, 20-22**

로마서 12장 / 세상 속에서 살아가는 참 그리스도인의 생활

- **롬12:1-2** 그러므로 형제들아 내가 하나님의 모든 자비하심으로 너희를 권하노니 너희 몸을 하나님이 기뻐하시는 거룩한 산 제물로 드리라 이는 너희가 드릴 영적 예배니라 너희는 이 세대를 본받지 말고 오직 마음을 새롭게 함으로 변화를 받아 하나님의 선하시고 기뻐하시고 온전하신 뜻이 무엇인지 분별하도록 하라
- **롬12:6-8** 우리에게 주신 은혜대로 받은 은사가 각각 다르니 혹 예언이면 믿음의 분수대로, 혹 섬기는 일이면 섬기는 일로, 혹 가르치는 자면 가르치는 일로, 혹 위로하는 자면 위로하는 일로, 구제하는 자는 성실함으로, 다스리는 자는 부지런함으로, 긍휼을 베푸는 자는 즐거움으로 할 것이니라
- **롬12:10-18**

• 하나님 마음 알아가기 • 나(우리)에게 주시는 말씀

묵 상 (연합내용)

인간은 태어나서 주어진 기간을 살아간다. 그 인생의 여정 속에 신자와 불신자는 다른 생활을 한다. 믿는 자의 생활은 구별되어야 한다.

묵상을 위한 질문

1. 기근이 심할 때 야곱 아버지는 11명의 아들에게 어떤 대안을 내놓았나요?

2. 맏형 르우벤은 요셉과 베냐민을 위해 어떤 인도적인 행동을 했나요?

3. 예수님은 세금, 부활, 계명에 관한 질문을 받았을 때 어떻게 대답하셨나요?

4. 포도원 농부들의 자세와 가난한 과부의 자세는 어떻게 대조가 될까요?

5. 욥의 친구 빌닷이 욥을 평가한 내용은 어떤 문제가 있을까요?

6. 빌닷의 신관(하나님에 대한 이해)과 율법은 어떤 관계를 가지고 있을까요?

7. 하나님은 한 몸인 교회가 세워지도록 하기 위해 각 지체인 성도들에게 어떤 은사를 주셨나요?

8. 하나님의 자녀요 교회의 지체인 성도는 대인관계에 있어서 어떤 생활을 해야 할까요?

적 용

기 도

- 가정에 어려운 일이 생겼을 때 한 마음을 갖고 지혜를 모아 해결하게 하옵소서
- 나의 믿음과 삶의 태도를 겸손하게 하사 다른 사람을 정죄하지 않게 하옵소서
- 나로 하여금 교회에서나 세상에서 구별되게 살아갈 수 있도록 힘을 주옵소서.

말씀 암송

41 일차 / 365 결단 2월 10일

● **맥체인성경의 통독구조<41>**

맥체인성경의 순서대로!
창세기~역대하 : 만물의 시작과 이스라엘의 시작
마태복음~요한복음 : 예수의 복음사역과 십자가 구속
에스라~말라기 : 이스라엘의 멸망과 새 시대의 시작
사도행전~요한계시록 : 교회의 시작과 선교

● **찬송가** | 175장

● **말 씀** | 창세기 43장 / 마가복음 13장 / 욥기 9장 / 로마서 13장

창세기 43장 / 베냐민을 내려놓아야 하는 이스라엘의 결단

- **창43:8-9** 유다가 그의 아버지 이스라엘에게 이르되 저 아이를 나와 함께 보내시면 우리가 곧 가리니 그러면 우리와 아버지와 우리 어린 아이들이 다 살고 죽지 아니하리이다 내가 그를 위하여 담보가 되오리니 아버지께서 내 손에서 그를 찾으소서 내가 만일 그를 아버지께 데려다가 아버지 앞에 두지 아니하면 내가 영원히 죄를 지리이다
- **창43:10-14** 우리가 지체하지 아니하였더라면 벌써 두 번 갔다 왔으리이다 그들의 아버지 이스라엘이 그들에게 이르되 그러할진대 이렇게 하라 …그 사람으로 너희 다른 형제와 베냐민을 돌려보내게 하시기를 원하노라 내가 자식을 잃게 되면 잃으리로다
- **창43:16, 18, 23, 27-30**

마가복음 13장 / 재림의 주를 기다리는 모든 성도의 결단

- **막13:4-8** 우리에게 이르소서 어느 때에 이런 일이 있겠사오며 이 모든 일이 이루어지려 할 때에 무슨 징조가 있사오리이까 예수께서 이르시되 너희가 사람의 미혹을 받지 않도록 주의하라 많은 사람이 내 이름으로 와서 이르되 내가 그라 하여 많은 사람을 미혹하리라 난리와 난리의 소문을 들을 때에 두려워하지 말라 이런 일이 있어야 하되 아직 끝은 아니니라 민족이 민족을, 나라가 나라를 대적하여 일어나겠고 곳곳에 지진이 있으며 기근이 있으리니 이는 재난의 시작이니라
- **막13:10-13, 24-29, 35-37**

욥기 9장 / 전능자의 주권앞에 자신을 내려놓는 결단

- **욥9:1-4** 욥이 대답하여 이르되 진실로 내가 이 일이 그런 줄을 알거니와 인생이 어찌 하나님 앞에 의로우랴 사람이 하나님께 변론하기를 좋아할지라도 천 마디에 한 마디도 대답하지 못하리라 그는 마음이 지혜로우시고 힘이 강하시니 그를 거슬러 스스로 완악하게 행하고도 형통할 자가 누구이랴
- **욥9:10-12** 측량할 수 없는 큰 일을, 셀 수 없는 기이한 일을 행하시느니라 그가 내 앞으로 지나시나 내가 보지 못하며 그가 내 앞에서 움직이시나 내가 깨닫지 못하느니라 하나님이 빼앗으시면 누가 막을 수 있으며 무엇을 하시나이까 하고 누가 물을 수 있으랴
- **욥9:15-16, 19-20, 34**

로마서 13장 / 임박한 구원을 알고 삶을 단정케 하는 결단

- **롬13:1-4** 각 사람은 위에 있는 권세들에게 복종하라 권세는 하나님으로부터 나지 않음이 없나니 모든 권세는 다 하나님께서 정하신 바라 … 다스리는 자들은 선한 일에 대하여 두려움이 되지 않고 악한 일에 대하여 되나니 네가 권세를 두려워하지 아니하려느냐 선을 행하라 그리하면 그에게 칭찬을 받으리라 그는 하나님의 사역자가 되어 네게 선을 베푸는 자니라 그러나 네가 악을 행하거든 두려워하라 그가 공연히 칼을 가지지 아니하였으니 곧 하나님의 사역자가 되어 악을 행하는 자에게 진노하심을 따라 보응하는 자니라
- **롬13:8, 10-14**

묵 상 (연합내용)

신앙생활은 결단의 연속이다. 회피를 하면 미숙함과 범죄함에 빠지게 되고 결단하면 성숙함과 의로움에 거하게 된다.

묵상을 위한 질문

1. 가나안 땅에 기근이 심히 들었을 때에 유다는 이스라엘에게 어떤 제안을 했나요?

2. 자신을 팔았던 형들과 베냐민을 상봉한 요셉은 어떤 자리를 마련했나요?

3. 주님이 재림하실 때에는 세상에 어떤 징조가 있을까요?

4. 주님의 재림을 맞이할 자들은 어떤 결단과 준비가 필요할까요?

5. 친구 빌닷의 말을 들은 욥은 어떤 신관(하나님에 대한 이해)으로 대답했나요?

6. 고통 중에 있는 욥이 친구 빌닷에게 대답하는 내용을 살펴볼 때 신앙을 가진 자와 그렇지 않은 자의 근본적인 차이는 무엇일까요?

7. 바울은 세상의 권세들이 누구에게서 주어졌다고 언급했나요?

8. 바울은 율법의 완성이 무엇이라고 했나요?

적 용

기 도

- 어려운 일이 있을 때 앞에 서서 책임지는 자가 되게 하옵소서.
- 어떤 상황에서도 하나님의 주권을 인정하고 경배하는 자가 되게 하옵소서.
- 주님의 재림을 믿고 종말론적인 신앙으로 단정히 행하는 자가 되게 하옵소서.

말씀 암송

42 일차 / 365 헌신 2월 11일

● 맥체인성경의 통독구조<42>

4장의 전개를 드라마의 시나리오 구성으로 생각하고 전개하라.

1) 우선 등장인물 한 사람의 이야기부터 시작한다.
2) 등장인물을 중심으로 일어난 한 사건의 이야기로 풀어간다.
3) 다른 한 편에서 일어나는 인물과 사건에도 연계하여 내용을 파악, 전개한다.
4) 종합적으로 시나리오를 완성한다.

● 찬송가 | 94장

● 말 씀 | 창세기 44장 / 마가복음 14장 / 욥기 10장 / 로마서 14장

창세기 44장 / **야곱에게 약속을 지키기 위한 유다의 헌신**	마가복음 14장 / **예수의 장례를 예비하는 한 여자의 헌신**
• **창44:2** 또 내 잔 곧 은잔을 그 청년의 자루 아귀에 넣고 그 양식 값 돈도 함께 넣으라 하매 그가 요셉의 명령대로 하고 • **창44:12** 그가 나이 많은 자에게서부터 시작하여 나이 적은 자에게까지 조사하매 그 잔이 베냐민의 자루에서 발견된지라 • **창44:14** 유다와 그의 형제들이 요셉의 집에 이르니 요셉이 아직 그 곳에 있는지라 그의 앞에서 땅에 엎드리니 • **창44:16-18, 26, 30-34**	• **막14:3** 예수께서 베다니 나병환자 시몬의 집에서 식사하실 때에 한 여자가 매우 값진 향유 곧 순전한 나드 한 옥합을 가지고 와서 그 옥합을 깨뜨려 예수의 머리에 부으니 • **막14:6-8** 예수께서 이르시되 가만 두라 너희가 어찌하여 그를 괴롭게 하느냐 그가 내게 좋은 일을 하였느니라 가난한 자들은 항상 너희와 함께 있으니 아무 때라도 원하는 대로 도울 수 있거니와 나는 너희와 항상 함께 있지 아니하리라 그는 힘을 다하여 내 몸에 향유를 부어 내 장례를 미리 준비하였느니라 • **막14:16** • **막14:22-24, 29-36, 51-52, 62, 72**
욥기 10장 / **처절한 상황 중에 주님의 주권을 따르는 헌신**	로마서 14장 / **강한 자와 연약한 자가 비판하지 않는 헌신**
• **욥10:2** 내가 하나님께 아뢰오리니 나를 정죄하지 마시옵고 무슨 까닭으로 나와 더불어 변론하시는지 내게 알게 하옵소서 • **욥10:6-9** 나의 허물을 찾으시며 나의 죄를 들추어내시나이까 주께서는 내가 악하지 않은 줄을 아시나이다 주의 손에서 나를 벗어나게 할 자도 없나이다 주의 손으로 나를 빚으셨으며 만드셨는데 이제 나를 멸하시나이다 기억하옵소서 주께서 내 몸 지으시기를 흙을 뭉치듯 하셨거늘 다시 나를 티끌로 돌려보내려 하시나이까 • **욥10:11-15, 18, 20-21**	• **롬14:1-3** 믿음이 연약한 자를 너희가 받되 그의 의견을 비판하지 말라 어떤 사람은 모든 것을 먹을 만한 믿음이 있고 믿음이 연약한 자는 채소만 먹느니라 먹는 자는 먹지 않는 자를 업신여기지 말고 먹지 않는 자는 먹는 자를 비판하지 말라 이는 하나님이 그를 받으셨음이라 • **롬14:8-10** 우리가 살아도 주를 위하여 살고 죽어도 주를 위하여 죽나니 그러므로 사나 죽으나 우리가 주의 것이로다 이를 위하여 그리스도께서 죽었다가 다시 살아나셨으니 곧 죽은 자와 산 자의 주가 되려 하심이라 네가 어찌하여 네 형제를 비판하느냐 어찌하여 네 형제를 업신여기느냐 우리가 다 하나님의 심판대 앞에 서리라 • **롬14:13, 17-19, 22-23**

묵 상
(연합내용)

믿는 자의 내려놓음은 모든 곤고한 상황을 의미와 가치와 열매로 바꾼다. 진정한 내려놓음은 성서적인 헌신이다.

묵상을 위한 질문

1. 요셉이 청지기를 시켜 베냐민 자루에 자신의 은잔을 넣은 이유는 무엇일까요?

2. 유다는 베냐민을 야곱에게 데리고 가기 위해 요셉에게 어떤 설명을 했나요?

3. 한 여자가 예수에게 향유 한 옥합을 깬 사건과 가룟 유다가 돈을 받고 예수를 판 사건은 어떤 대조를 이루며 우리에게 어떤 의미를 줄까요?

4. 제자들에 대한 예수님의 예언과 베드로의 부인은 어떤 연관이 있을까요?

5. 욥은 영혼이 심히 곤비하여 불평을 토로할 때에도 어떤 선을 지켰을까요?

6. 욥은 7절에서 악하지 않음을, 15절에서 의로울지라도 머리를 들지 못함에 대하여 고백했습니다. 그렇다면 욥이 가장 잘 한 것은 무엇일까요?

7. 주 안에서 죽고 거듭난 자는 어떤 마음과 의식으로 살아갈까요?

8. 하나님의 나라(하나님이 통치하시는 나라)는 육신의 것이 아닌 무엇으로 세워질까요?

적 용

기 도

• 마음과 정성으로 온전히 헌신하는 주의 일꾼이 되게 하옵소서.
• 하나님의 나라를 세우기 위하여 성령 안에서 의와 평강과 희락을 좇게 하옵소서

말씀 암송

43 일차 / 365 마침 2월 12일

- **맥체인성경의 통독구조<43>**

1) 일차 성경을 사면으로 이해한다.
2) 이차 네 장의 성경말씀을 핵심본문과 그에 대한 예제의 관계로 이해해 본다.
   네 장 중 어떤 본문은 원리가 되고 어떤 본문은 그 예가 될 수 있다.

- **찬송가** | 144장
- **말　씀** | 창세기 45장 / 마가복음 15장 / 욥기 11장 / 로마서 15장

창세기 45장 / 야곱의 인생의 아픔이 요셉을 통해 마침

- **창45:3** 요셉이 그 형들에게 이르되 나는 요셉이라 내 아버지께서 아직 살아 계시니이까 형들이 그 앞에서 놀라서 대답하지 못하더라
- **창45:5** 당신들이 나를 이 곳에 팔았다고 해서 근심하지 마소서 한탄하지 마소서 하나님이 생명을 구원하시려고 나를 당신들보다 먼저 보내셨나이다
- **창45:7-11** 하나님이 큰 구원으로 당신들의 생명을 보존하고 당신들의 후손을 세상에 두시려고 나를 당신들보다 먼저 보내셨나니…흉년이 아직 다섯 해가 있으니 내가 거기서 아버지를 봉양하리이다 아버지와 아버지의 가족과 아버지께 속한 모든 사람에게 부족함이 없도록 하겠나이다 하더라고 전하소서
- **창45:14, 16, 19, 22-24**

마가복음 15장 / 예수의 대속의 고난이 십자가를 통해 마침

- **막15:2** 빌라도가 묻되 네가 유대인의 왕이냐 예수께서 대답하여 이르시되 네 말이 옳도다 하시매
- **막15:5-7** 예수께서 다시 아무 말씀으로도 대답하지 아니하시니 빌라도가 놀랍게 여기더라 명절이 되면 백성들이 요구하는 대로 죄수 한 사람을 놓아 주는 전례가 있더니 민란을 꾸미고 그 민란중에 살인하고 체포된 자 중에 바라바라 하는 자가 있는지라
- **막15:11** 그러나 대제사장들이 무리를 충동하여 도리어 바라바를 놓아 달라 하게 하니
- **막15:13-15** 그들이 다시 소리 지르되 그를 십자가에 못 박게 하소서 … 더욱 소리 지르되 십자가에 못 박게 하소서 하는지라 빌라도가 무리에게 만족을 주고자 하여 바라바는 놓아 주고 예수는 채찍질하고 십자가에 못 박히게 넘겨 주니라
- **막15:19, 21-24, 30-34, 37-39, 43**

욥기 11장 / 친구를 통해 위로받지 못한 욥의 기대의 마침

- **욥11:1-4** 나아마 사람 소발이 대답하여 이르되 말이 많으니 어찌 대답이 없으랴 말이 많은 사람이 어찌 의롭다 함을 얻겠느냐 네 자랑하는 말이 어떻게 사람으로 잠잠하게 하겠으며 네가 비웃으면 어찌 너를 부끄럽게 할 사람이 없겠느냐 네 말에 의하면 내 도는 정결하고 나는 주께서 보시기에 깨끗하다 하는구나
- **욥11:7-9** 네가 하나님의 오묘함을 어찌 능히 측량하며 전능자를 어찌 능히 완전히 알겠느냐 하늘보다 높으시니 네가 무엇을 하겠으며 스올보다 깊으시니 네가 어찌 알겠느냐 그의 크심은 땅보다 길고 바다보다 넓으니라
- **욥11:11, 13-18**

로마서 15장 / 교회의 하나됨을 위하여 이기심의 악을 마침

- **롬15:1-3** 믿음이 강한 우리는 마땅히 믿음이 약한 자의 약점을 담당하고 자기를 기쁘게 하지 아니할 것이라 우리 각 사람이 이웃을 기쁘게 하되 선을 이루고 덕을 세우도록 할지니라 그리스도께서도 자기를 기쁘게 하지 아니하셨나니 기록된 바 주를 비방하는 자들의 비방이 내게 미쳤나이다 함과 같으니라
- **롬15:5-7** 이제 인내와 위로의 하나님이 너희로 그리스도 예수를 본받아 서로 뜻이 같게 하여 주사 한마음과 한 입으로 하나님 곧 우리 주 예수 그리스도의 아버지께 영광을 돌리게 하려 하노라 그러므로 그리스도께서 우리를 받아 하나님께 영광을 돌리심과 같이 너희도 서로 받으라
- **롬15:13, 16-20**

묵 상
(연합내용)

삶의 고난도 사명도 때가 되면 다 끝난다. 위로에 대한 기대도 높아지려고 했던 교만도 다 끝난다. 그러므로 하나님의 사람은 오직 성서적인 삶을 추구할 뿐이다.

묵상을 위한 질문

1. 요셉은 자신이 애굽에 팔려온 것이 누구의 뜻이며 어떤 목적이었다고 고백했나요?

2. 요셉의 형들이 온 소식을 들은 바로와 신하들은 왜 기뻐했을까요?

3. 빌라도가 예수를 재판할 때 가장 잘못한 점은 무엇일까요?

4. 예수님이 십자가의 고난을 당하실 때 경험한 고통에는 어떤 것들이 있었나요?

5. 욥의 친구 소발은 욥에게 어떤 정죄적인 말을 했나요?

6. 욥의 친구 소발의 신관(하나님에 대한 이해)은 무엇이었나요?

7. 바울은 그리스도인이 누구를 기쁘게 하며 살아가야 한다고 했을까요?

8. 바울은 선민만을 위한 구원의 이기심을 초월하고 누구를 위한 구원에 힘썼나요?

적 용

기 도

• 우리가 살아온 과거를 주 안에서 해석할 수 있는 영성을 허락하여 주옵소서.
• 현재 어떤 종류의 고난을 당할지라도 예수님의 고난을 생각하면서 넉넉히 승리하게 하옵소서.
• 바른 성서적 신앙관을 가지고 자신을 돌아보며 다른 이를 위로하게 하옵소서.

말씀 암송

44 일차 / 365 새 삶 2월 13일

● **맥체인성경의 통독구조<44>**
구약과 신약이 짝을 이루어 흥미롭고 풍성하게 읽을 수 있는 구조다.
구약과 신약이 대조를 이루어 의미의 다채로움을 경험하며 읽을 수 있는 구조다.

● **찬송가** | 220장

● **말 씀** | 창세기 46장 / 마가복음 16장 / 욥기 12장 / 로마서 16장

창세기 46장 / 고센이란 낯선 곳에서 새 삶을 시작하는 야곱

- **창46:1-4** 이스라엘이 모든 소유를 이끌고 떠나 브엘세바에 이르러 그의 아버지 이삭의 하나님께 희생제사를 드리니 그 밤에 하나님이 이상 중에 이스라엘에게 나타나 이르시되 야곱아 야곱아 하시는지라 야곱이 이르되 내가 여기 있나이다 하매 하나님이 이르시되 나는 하나님이라 네 아버지의 하나님이니 애굽으로 내려가기를 두려워하지 말라 내가 거기서 너로 큰 민족을 이루게 하리라 내가 너와 함께 애굽으로 내려가겠고 반드시 너를 인도하여 다시 올라올 것이며 요셉이 그의 손으로 네 눈을 감기리라 하셨더라
- **창46:26-27** • **창46:29-30, 33-34**

마가복음 16장 / 부활을 목격하고 새 삶을 시작하는 제자들

- **막16:4-7** 눈을 들어본즉 벌써 돌이 굴려져 있는데 그 돌이 심히 크더라 무덤에 들어가서 흰 옷을 입은 한 청년이 우편에 앉은 것을 보고 놀라매 청년이 이르되 놀라지 말라 너희가 십자가에 못 박히신 나사렛 예수를 찾는구나 그가 살아나셨고 여기 계시지 아니하니라 보라 그를 두었던 곳이니라 가서 그의 제자들과 베드로에게 이르기를 예수께서 너희보다 먼저 갈릴리로 가시나니 전에 너희에게 말씀하신 대로 너희가 거기서 뵈오리라 하라 하는지라
- **막16:9-10** 예수께서 안식 후 첫날 이른 아침에 살아나신 후 전에 일곱 귀신을 쫓아내어 주신 막달라 마리아에게 먼저 보이시니 마리아가 가서 예수와 함께 하던 사람들이 슬퍼하며 울고 있는 중에 이 일을 알리매
- **막16:12, 14-18, 20**

욥기 12장 / 소발의 충고를 듣고 신앙적 새 삶을 꿈꾸는 욥

- **욥12:2-4** 너희만 참으로 백성이로구나 너희가 죽으면 지혜도 죽겠구나 나도 너희 같이 생각이 있어 너희만 못하지 아니하니 그같은 일을 누가 알지 못하겠느냐 하나님께 불러 아뢰어 들으심을 입은 내가 이웃에게 웃음거리가 되었으니 의롭고 온전한 자가 조롱거리가 되었구나
- **욥12:6** 강도의 장막은 형통하고 하나님을 진노하게 하는 자는 평안하니 하나님이 그의 손에 후히 주심이니라
- **욥12:13-17**
- **욥12:22-25**

로마서 16장 / 바울로 인해 복음 안에서 새 삶을 사는 성도

- **롬16:1-5** 내가 겐그레아 교회의 일꾼으로 있는 우리 자매 뵈뵈를 너희에게 추천하노니 너희는 주 안에서 성도들의 합당한 예절로 그를 영접하고 무엇이든지 그에게 소용되는 바를 도와 줄지니 이는 그가 여러 사람과 나의 보호자가 되었음이라 너희는 그리스도 예수 안에서 나의 동역자들인 브리스가와 아굴라에게 문안하라 … 또 저의 집에 있는 교회에도 문안하라 내가 사랑하는 에배네도에게 문안하라 그는 아시아에서 그리스도께 처음 맺은 열매니라
- **롬16:7** 내 친척이요 나와 함께 갇혔던 안드로니고와 유니아에게 문안하라 그들은 사도들에게 존중히 여겨지고 또한 나보다 먼저 그리스도 안에 있는 자라
- **롬16:10, 13, 16-20, 25-27**

• 하나님 마음 알아가기 • 나(우리)에게 주시는 말씀

묵 상
(연합내용)

인생 가운데 새로운 변화를 경험하고 새 삶을 살아가는 것은 놀라운 축복이다. 하나님은 여러 사건을 통해 일상에서 이 일을 행하신다.

묵상을 위한 질문

1. 하나님은 이스라엘과 12아들 모든 식구를 애굽으로 데리고 내려 가셨습니다. 이 사건 속에서 우리는 하나님의 어떤 모습을 볼 수 있을까요? 약속이행 모습

2. 요셉은 아버지와 형들에게 바로를 만나면 무엇이라 대답하라고 했나요?

3. 부활하신 예수님은 누구에게 제일 먼저 나타나셨나요?

4. 부활하신 예수님이 제자들에게 나타나셔서 크게 꾸짖으신 이유는 무엇일까요?

5. 욥은 찾아와 충고한 친구 소발에게 어떤 감정과 어떤 내용으로 대답했나요?

6. 욥이 고백한 내용 속에 나타난 욥의 신관(하나님에 대한 이해)은 무엇일까요?

7. 바울이 모든 교회에게 첫 번째 추천한 뵈뵈 자매는 어떤 성도일까요?

8. 바울이 이방 선교를 할 때 항상 힘이 되어주었던 부부는 누구일까요?

적 용

기 도

- 하나님이 어디로 인도하시든지 따라가는 순종의 사람이 되게 하옵소서.
- 십자가 신앙과 부활 신앙으로 날마다 승리하는 우리가 되게 하옵소서.
- 참된 복음의 동역자를 만나게 하사 날마다 사역의 삶을 살아가게 하옵소서.

말씀
암송

45 일차 / 365 고생 2월 14일

● **맥체인성경의 통독구조<45>**
하나님의 구원의 역사를 한 눈에 볼 수 있도록 구성되어 있다.
세상을 향한 하나님의 마음과 생각을 폭넓게 연상할 수 있도록 구성되어 있다.

● **찬송가** | 204장

● **말 씀** | 창세기 47장 / 누가복음 1장 / 욥기 13장 / 고린도전서 1장

창세기 47장 / 험악한 인생을 살아온 147년의 야곱의 고생

- **창47:3-4** 바로가 요셉의 형들에게 묻되 너희 생업이 무엇이냐 그들이 바로에게 대답하되 종들은 목자이온데 우리와 선조가 다 그러하니이다 하고 그들이 또 바로에게 고하되 가나안 땅에 기근이 심하여 종들의 양 떼를 칠 곳이 없기로 종들이 이 곳에 거류하고자 왔사오니 원하건대 종들로 고센 땅에 살게 하소서
- **창47:6** 애굽 땅이 네 앞에 있으니 땅의 좋은 곳에 네 아버지와 네 형들이 거주하게 하되 그들이 고센 땅에 거주하고 그들 중에 능력 있는 자가 있거든 그들로 내 가축을 관리하게 하라
- **창47:8-9, 13-17, 20, 22-25**

누가복음 1장 / 흠없이 살아온 엘리사벳의 자식없음의 고생

- **눅1:3-7** 그 모든 일을 근원부터 자세히 미루어 살핀 나도 데오빌로 각하에게 차례대로 써 보내는 것이 좋은 줄 알았노니 이는 각하가 알고 있는 바를 더 확실하게 하려 함이로라 유대 왕 헤롯 때에 아비야 반열에 제사장 한 사람이 있었으니 이름은 사가랴요 그의 아내는 아론의 자손이니 이름은 엘리사벳이라 … 엘리사벳이 잉태를 못하므로 그들에게 자식이 없고 두 사람의 나이가 많더라
- **눅1:13-17** 천사가 그에게 이르되 사가랴여 무서워하지 말라 너의 간구함이 들린지라 네 아내 엘리사벳이 네게 아들을 낳아 주리니 그 이름을 요한이라 하라 …
- **눅1:19, 24-38, 41-43**

욥기 13장 / 벗의 정죄와 하나님의 침묵에 대한 욥의 고생

- **욥13:1-4** 나의 눈이 이것을 다 보았고 나의 귀가 이것을 듣고 깨달았느니라 너희 아는 것을 나도 아노니 너희만 못하지 않으니라 참으로 나는 전능자에게 말씀하려 하며 하나님과 변론하려 하노라 너희는 거짓말을 지어내는 자요 다 쓸모 없는 의원이니라
- **욥13:8-13** 너희가 하나님의 낯을 따르려느냐 그를 위하여 변론하려느냐 하나님이 너희를 감찰하시면 좋겠느냐 너희가 사람을 속임 같이 그를 속이려느냐 만일 너희가 몰래 낯을 따를진대 그가 반드시 책망하시리니 그의 존귀가 너희를 두렵게 하지 않겠으며 그의 두려움이 너희 위에 임하지 않겠느냐 너희의 격언은 재 같은 속담이요 너희가 방어하는 것은 토성이니라 너희는 잠잠하고 나를 버려두어 말하게 하라 무슨 일이 닥치든지 내가 당하리라
- **욥13:17, 20-24, 28**

고린도전서 1장 / 교회 내의 파벌과 분쟁에 따른 바울의 고생

- **고전1:5-8** 이는 너희가 그 안에서 모든 일 곧 모든 언변과 모든 지식에 풍족하므로 그리스도의 증거가 너희 중에 견고하게 되어 너희가 모든 은사에 부족함이 없이 우리 주 예수 그리스도의 나타나심을 기다림이라 주께서 너희를 우리 주 예수 그리스도의 날에 책망할 것이 없는 자로 끝까지 견고하게 하시리라
- **고전1:10** 형제들아 내가 우리 주 예수 그리스도의 이름으로 너희를 권하노니 모두가 같은 말을 하고 너희 가운데 분쟁이 없이 같은 마음과 같은 뜻으로 온전히 합하라
- **고전1:12-13** 내가 이것을 말하거니와 너희가 각각 이르되 나는 바울에게, 나는 아볼로에게, 나는 게바에게, 나는 그리스도에게 속한 자라 한다는 것이니 그리스도께서 어찌 나뉘었느냐 바울이 너희를 위하여 십자가에 못 박혔으며 바울의 이름으로 너희가 세례를 받았느냐
- **고전1:17, 21-25**

묵 상 (연합내용)

주를 믿고 살아가는 하나님의 백성은 인생의 여정 속에서 이유를 알 수 없는 많은 고생을 경험한다. 하지만 고생을 견뎌냄으로써 하나님의 도구가 되며 후대의 영혼들에게 교훈적인 메시지가 된다.

묵상을 위한 질문

1. 험악한 인생을 살아온 야곱(이스라엘)과 심한 기근으로 고생한 모든 이방 백성들은 어떻게 구원을 받았나요?

2. 7년 흉년이 계속되면서 주변의 돈과 가축과 땅은 모두 애굽왕 바로의 소유가 되었습니다. 요셉을 통해 이 일을 이루신 하나님의 깊으신 뜻은 무엇일까요?

3. 사가랴 제사장에게 나타난 가브리엘 천사는 어떤 기쁜 소식을 전해 주었나요?

4. 엘리사벳과 마리아에게 성령이 충만히 임하자 어떤 일이 일어났나요?

5. 욥이 “잠잠하면 그것이 너희의 지혜일 것이라”고 한 말의 뜻은 무엇일까요?

6. 욥이 하나님께 간절히 구한 두 가지의 일(기도제목)은 무엇이었나요?

7. 바울은 고린도교회의 어떤 면을 감사하며 칭찬했나요?

8. 바울은 교회 내의 분쟁을 책망하면서 어떤 내용을 다시 가르쳤나요?

적 용

기 도

- 고생하며 살더라도 끝까지 신앙을 지켜 주님께 축복을 받는 자가 되게 하옵소서.
- 우리의 문제를 해결해 주시는 기쁜 소식을 주옵소서.
- 항상 평안하여 든든히 서가는 성서적인 수지선민교회가 되게 하옵소서.

말씀 암송

46 일차 / 365 미래 2월 15일

- **맥체인성경의 통독구조<46>**

성경 66권은 1,600년이 넘는 긴 세월 동안 성령의 감동을 받은 각 시대의 사람들이 각기 다른 장소에서 기록한 것을 정경화한 것이다. 그럼에도 불구하고 놀랍게도 제 각각 짝이 있고 통일된 주제와 일관된 메시지를 전하고 있다. 이것은 우연이 아니며 하나님이 저자이심을 말씀해 준다. 따라서 새로운 편집방식으로 읽을 때 더 깊은 감동을 경험할 수 있다.

- **찬송가 | 179장**
- **말 씀 | 창세기 48장 / 누가복음 1장 / 욥기 14장 / 고린도전서 2장**

창세기 48장 / 축복안수를 받은 므낫세와 에브라임의 미래

- **창48:2-5** 어떤 사람이 야곱에게 말하되 네 아들 요셉이 네게 왔다 하매 이스라엘이 힘을 내어 침상에 앉아 요셉에게 이르되 이전에 가나안 땅 루스에서 전능하신 하나님이 내게 나타나사 복을 주시며 내게 이르시되 내가 너로 생육하고 번성하게 하여 네게서 많은 백성이 나게 하고 내가 이 땅을 네 후손에게 주어 영원한 소유가 되게 하리라 하셨느니라 내가 애굽으로 와서 네게 이르기 전에 애굽에서 네가 낳은 두 아들 에브라임과 므낫세는 내 것이라 르우벤과 시므온처럼 내 것이 될 것이요
- **창48:9-11, 14-19, 22**

누가복음 1장 / 사가랴와 엘리사벳의 아들 요한의 미래

- **눅1:41-43** 엘리사벳이 마리아가 문안함을 들으매 아이가 복중에서 뛰노는지라 엘리사벳이 성령의 충만함을 받아 큰 소리로 불러 이르되 여자 중에 네가 복이 있으며 네 태중의 아이도 복이 있도다 내 주의 어머니가 내게 나아오니 이 어찌 된 일인가
- **눅1:46-48** 마리아가 이르되 내 영혼이 주를 찬양하며 내 마음이 하나님 내 구주를 기뻐하였음은 그의 여종의 비천함을 돌보셨음이라 보라 이제 후로는 만세에 나를 복이 있다 일컬으리로다
- **눅1:57** 엘리사벳이 해산할 기한이 차서 아들을 낳으니
- **눅1:63-64, 67, 76-80**

욥기 14장 / 하나님의 침묵으로 욥이 느끼는 부정적 미래

- **욥14:7-10** 나무는 희망이 있나니 찍힐지라도 다시 움이 나서 연한 가지가 끊이지 아니하며 그 뿌리가 땅에서 늙고 줄기가 흙에서 죽을지라도 물 기운에 움이 돋고 가지가 뻗어서 새로 심은 것과 같거니와 장정이라도 죽으면 소멸되나니 인생이 숨을 거두면 그가 어디 있느냐
- **욥14:13-15** 주는 나를 스올에 감추시며 주의 진노를 돌이키실 때까지 나를 숨기시고 나를 위하여 규례를 정하시고 나를 기억하옵소서 장정이라도 죽으면 어찌 다시 살리이까 나는 나의 모든 고난의 날 동안을 참으면서 풀려나기를 기다리겠나이다 주께서는 나를 부르시겠고 나는 대답하겠나이다 주께서는 주의 손으로 지으신 것을 기다리시겠나이다
- **욥14:19-22**

고린도전서 2장 / 주의 마음을 가진 자의 능력과 감추인 미래

- **고전2:2** 내가 너희 중에서 예수 그리스도와 그가 십자가에 못 박히신 것 외에는 아무 것도 알지 아니하기로 작정하였음이라
- **고전2:4-8** 내 말과 내 전도함이 설득력 있는 지혜의 말로 하지 아니하고 다만 성령의 나타나심과 능력으로 하여 너희 믿음이 사람의 지혜에 있지 아니하고 다만 하나님의 능력에 있게 하려 하였노라 … 또 이 세상에서 없어질 통치자들의 지혜도 아니요 오직 은밀한 가운데 있는 하나님의 지혜를 말하는 것으로서 곧 감추어졌던 것인데 하나님이 우리의 영광을 위하여 만세 전에 미리 정하신 것이라 이 지혜는 이 세대의 통치자들이 한 사람도 알지 못하였나니 만일 알았더라면 영광의 주를 십자가에 못 박지 아니하였으리라
- **고전2:10-13, 15-16**

묵 상
(연합내용)

하나님은 과거의 죄를 다 기억하시고 또한 현재의 언행심사도 다 아신다. 그 것에 근거하여 미래를 설계, 수정, 보완하심을 알아야 한다.

묵상을 위한 질문

1. 이스라엘은 루스에서 만난 하나님의 축복언약을 기억하고 요셉의 두 아들을 축복했습니다. 그는 무엇을 초월해서 축복해 주었나요?

2. 이스라엘이 므낫세와 에브라임을 축복할 때 손을 엇바꾼 이유는 무엇일까요?

3. 성령으로 잉태함을 입은 마리아는 어떤 내용의 찬가를 불렀나요?

4. 사가랴는 아들 요한을 얻자 1년간 말못했던 상황이 회복되고 성령이 충만하여 놀라운 예언의 찬가를 불렀습니다. 그 예언의 내용은 무엇일까요?

5. 욥은 자신의 미래에 대해 어떤 부정적인 생각을 가지고 있었나요?

6. 욥은 희망을 느낄 수 없는 고난의 상황 속에서도 누구를 놓지 않았나요?

7. 바울은 고린도 교회의 성도들에게 두 종류의 지혜를 언급하였는데 그 중 예수 그리스도와 십자가를 증거함에 있어서는 어떤 지혜를 사용하였나요?

8. 바울은 하나님으로부터 온 영 즉 성령으로만 무엇을 알 수 있다고 했을까요?

적 용

기 도

• 우리도 항상 서로 간에 축복하고 축복받는 신앙을 갖게 하옵소서.
• 우리에게 성령을 통한 지혜와 능력을 주사 십자가를 담대히 전하게 하옵소서.

말씀
암송

47 일차 / 365 선포 2월 16일

- **맥체인성경의 통독구조<47>**

신구약성경 전체를 네 등분으로 하루에 4장씩 동시에 읽으면 성경에 기록된 장구한 하나님의 구원의 역사를 크게 네 시대, 네 상황으로 나누어 동시에 묵상할 수 있는 구조다.

- **찬송가 |** 447장
- **말 씀 |** 창세기 49장 / 누가복음 2장 / 욥기 15장 / 고린도전서 3장

창세기 49장 / 임종 즈음 12아들에게 축복을 선포하는 야곱

- **창49:1** 야곱이 그 아들들을 불러 이르되 너희는 모이라 너희가 후일에 당할 일을 내가 너희에게 이르리라
- **창49:3-5** 르우벤아 너는 내 장자요 내 능력이요 내 기력의 시작이라 위풍이 월등하고 권능이 탁월하다마는 물의 끓음 같았은즉 너는 탁월하지 못하리니 네가 아버지의 침상에 올라 더럽혔음이로다 그가 내 침상에 올랐었도다 시므온과 레위는 형제요 그들의 칼은 폭력의 도구로다
- **창49:7-8** 그 노여움이 혹독하니 저주를 받을 것이요 분기가 맹렬하니 저주를 받을 것이라 … 유다야 너는 네 형제의 찬송이 될지라 네 손이 네 원수의 목을 잡을 것이요 네 아버지의 아들들이 네 앞에 절하리로다
- **창49:10, 13-14, 16-17, 19-22, 27-29, 31**

누가복음 2장 / 목자들에게 구주 예수 탄생을 선포하는 천사

- **눅2:1** 그 때에 가이사 아구스도가 영을 내려 천하로 다 호적하라 하였으니
- **눅2:4-7** 요셉도 다윗의 집 족속이므로 갈릴리 나사렛 동네에서 유대를 향하여 베들레헴이라 하는 다윗의 동네로 그 약혼한 마리아와 함께 호적하러 올라가니 마리아가 이미 잉태하였더라 거기 있을 그 때에 해산할 날이 차서 첫아들을 낳아 강보로 싸서 구유에 뉘었으니 이는 여관에 있을 곳이 없음이러라
- **눅2:10-11** 천사가 이르되 무서워하지 말라 보라 내가 온 백성에게 미칠 큰 기쁨의 좋은 소식을 너희에게 전하노라 오늘 다윗의 동네에 너희를 위하여 구주가 나셨으니 곧 그리스도 주시니라
- **눅2:14, 21-25, 28, 34-38, 41, 46**

욥기 15장 / 욥에게 자신의 가치관을 선포하는 엘리바스

- **욥15:4-6** 참으로 네가 하나님 경외하는 일을 그만두어 하나님 앞에 묵도하기를 그치게 하는구나 네 죄악이 네 입을 가르치나니 네가 간사한 자의 혀를 좋아하는구나 너를 정죄한 것은 내가 아니요 네 입이라 네 입술이 네게 불리하게 증언하느니라
- **욥15:9-13** 네가 아는 것을 우리가 알지 못하는 것이 무엇이냐 네가 깨달은 것을 우리가 소유하지 못한 것이 무엇이냐 우리 중에는 머리가 흰 사람도 있고 연로한 사람도 있고 네 아버지보다 나이가 많은 사람도 있느니라 하나님의 위로와 은밀하게 하시는 말씀이 네게 작은 것이냐 어찌하여 네 마음에 불만스러워하며 네 눈을 번뜩거리며 네 영이 하나님께 분노를 터뜨리며 네 입을 놀리느냐
- **욥15:16-18, 25-26**

고린도전서 3장 / 성도에게 위치, 사역, 존재를 선포하는 바울

- **고전3:1-3** 형제들아 내가 신령한 자들을 대함과 같이 너희에게 말할 수 없어서 육신에 속한 자 곧 그리스도 안에서 어린 아이들을 대함과 같이 하노라 내가 너희를 젖으로 먹이고 밥으로 아니하였노니 이는 너희가 감당하지 못하였음이거니와 지금도 못하리라 너희는 아직도 육신에 속한 자로다 너희 가운데 시기와 분쟁이 있으니 어찌 육신에 속하여 사람을 따라 행함이 아니리요
- **고전3:6-9** 나는 심었고 아볼로는 물을 주었으되 오직 하나님께서 자라나게 하셨나니 …심는 이와 물 주는 이는 한가지이나 각각 자기가 일한 대로 자기의 상을 받으리라 우리는 하나님의 동역자들이요 너희는 하나님의 밭이요 하나님의 집이니라
- **고전3:11-13, 16-17, 21-23**

묵 상 (연합내용)

하나님은 종을 통해 우리에게 기쁜 소식을 선포하신다. 또한 사역자도 성도와 세상을 향해 좋은 소식과 바른 교훈을 선포한다. 하지만 선포할 때 항상 나의 견해를 주장하는 것이 아닌가를 수시로 살펴야 한다.

묵상을 위한 질문

1. 야곱이 죽기 전에 12아들을 축복할 때 무엇에 근거하여 했을까요?

2. 야곱은 왜 디나를 축복하지 않았을까요?

3. 베들레헴에서 탄생하신 예수님을 먼저 본 세 사람은 누구였나요?

4. 19절과 51절을 살펴볼 때 마리아는 왜 예수님에 관한 말을 마음에 두었을까요?

5. 엘리바스는 욥의 말을 듣고 욥을 어떻게 평가했나요?

6. 엘리바스는 욥에게 지혜로운 자들의 전하여 준 것으로 교훈을 했습니다. 그 내용은 한 마디로 무엇이었나요?

7. 바울은 시기와 분쟁이 있는 고린도교회에게 어떤 가르침을 선포했나요?

8. 바울은 예수 그리스도의 터 위에 어떤 공적을 세운 자가 상을 받는다고 했나요?

적 용

기 도

• 주여! 우리의 행함을 온전케 하사 참된 축복을 받게 하옵소서.
• 주여! 재림의 주 예수를 대망하며 살아가게 하옵소서.
• 주여! 자신의 위치를 분명히 알고 주어진 사명을 온전히 다하게 하옵소서.

말씀 암송

48 일차 / 365 행위 2월 17일

● 맥체인성경의 통독구조<48>

신구약성경 전체를 네 시대 구분으로 하루에 4장씩 동시에 읽으면 각 시대별로 또한 거시적인 안목으로 하나님의 다스리시는 통치의 역사를 역동적으로 묵상할 수 있는 구조다.

● 찬송가 | 237장

● 말 씀 | 창세기 50장 / 누가복음 3장 / 욥기 16-17장 / 고린도전서 4장

창세기 50장 / 요셉은 덕스러운 행위로 평화를 이룸

- **창50:3** 사십 일이 걸렸으니 향으로 처리하는 데는 이 날수가 걸림이며 애굽 사람들은 칠십 일 동안 그를 위하여 곡하였더라
- **창50:6-9** 바로가 이르되 그가 네게 시킨 맹세대로 올라가서 네 아버지를 장사하라 요셉이 자기 아버지를 장사하러 올라가니 바로의 모든 신하와 바로 궁의 원로들과 애굽 땅의 모든 원로와 요셉의 온 집과 그의 형제들과 그의 아버지의 집이 그와 함께 올라가고 그들의 어린 아이들과 양 떼와 소 떼만 고센 땅에 남겼으며 병거와 기병이 요셉을 따라 올라가니 그 떼가 심히 컸더라
- **창50:15-17, 19-22, 24**

누가복음 3장 / 죄인은 회개에 합당한 행위로 열매를 맺음

- **눅3:2-3** 안나스와 가야바가 대제사장으로 있을 때에 하나님의 말씀이 빈 들에서 사가랴의 아들 요한에게 임한지라 요한이 요단 강 부근 각처에 와서 죄 사함을 받게 하는 회개의 세례를 전파하니
- **눅3:7-8** 요한이 세례 받으러 나아오는 무리에게 이르되 독사의 자식들아 누가 너희에게 일러 장차 올 진노를 피하라 하더냐 그러므로 회개에 합당한 열매를 맺고 속으로 아브라함이 우리 조상이라 말하지 말라 내가 너희에게 이르노니 하나님이 능히 이 돌들로도 아브라함의 자손이 되게 하시리라
- **눅3:11** 대답하여 이르되 옷 두 벌 있는 자는 옷 없는 자에게 나눠 줄 것이요 먹을 것이 있는 자도 그렇게 할 것이니라 하고
- **눅3:16-17, 21-22, 23**

욥기 16-17장 / 욥은 정결이라는 행위로 신앙을 지킴

- **욥16:1** 욥이 대답하여 이르되
- **욥16:4-6** 나도 너희처럼 말할 수 있나니 가령 너희 마음이 내 마음 자리에 있다 하자 나도 그럴 듯한 말로 너희를 치며 너희를 향하여 머리를 흔들 수 있느니라 그래도 입으로 너희를 강하게 하며 입술의 위로로 너희의 근심을 풀었으리라 내가 말하여도 내 근심이 풀리지 아니하고 잠잠하여도 내 아픔이 줄어들지 않으리라
- **욥16:10** 무리들은 나를 향하여 입을 크게 벌리며 나를 모욕하여 뺨을 치며 함께 모여 나를 대적하는구나
- **욥16:12-13, 17, 19-21, 욥17:9, 14-15**

고린도전서 4장 / 일꾼은 충성이라는 행위로 본을 보임

- **고전4:1-2** 사람이 마땅히 우리를 그리스도의 일꾼이요 하나님의 비밀을 맡은 자로 여길지어다 그리고 맡은 자들에게 구할 것은 충성이니라
- **고전4:5-6** 그러므로 때가 이르기 전 곧 주께서 오시기까지 아무 것도 판단하지 말라 그가 어둠에 감추인 것들을 드러내고 마음의 뜻을 나타내시리니 그 때에 각 사람에게 하나님으로부터 칭찬이 있으리라 형제들아 내가 너희를 위하여 이 일에 나와 아볼로를 들어서 본을 보였으니 이는 너희로 하여금 기록된 말씀 밖으로 넘어가지 말라 한 것을 우리에게서 배워 서로 대적하여 교만한 마음을 가지지 말게 하려 함이라
- **고전4:9-13, 15-16, 20-21**

묵 상
(연합내용)

인간은 죄악 속에서 산다. 그 죄를 씻는 길은 말에 있는 것이 아니라 행동에 있다. 믿는 자는 행위로 믿음을 증명하고 속죄함에 이른다.

묵상을 위한 질문

1. 야곱의 장례행렬이 장엄하고 그 애통함이 큼으로 아벨미스라임이라 했는데 야곱의 장사가 주는 교훈은 무엇일까요?

2. 형들은 요셉의 보복을 두려워하여 용서하라는 아버지 야곱의 뜻을 전하였는데 요셉은 무엇이라고 대답을 했나요?

3. 세례요한은 회개를 외친 후 회개에 합당한 열매를 어떻게 맺으라고 했나요?

4. 예수님의 족보는 거슬러 올라가는 형태로 기록되었는데 맨 처음은 누구일까요?

5. 욥은 세 친구의 신앙을 어떻게 평가했나요?

6. 욥은 하나님 앞에서 자신의 모든 삶을 어떻게 이해했나요?

7. 바울은 맡은 자에게는 충성이라고 했는데 그러면 충성의 반대는 무엇일까요?

8. 바울은 어떤 자세로 어디까지 서도록 고린도교회 성도들을 양육했나요?

적 용

기 도

- 내가 강할 때 과거의 억울함을 갚지 않고 너그러운 마음으로 살게 하옵소서.
- 날마다 회개에 합당한 열매를 맺히며 살게 하옵소서.
- 나 자신을 하나님의 비밀을 맡은 자로 여기고 온전히 충성하며 살게 하옵소서.

말씀
암송

49 일차 / 365 권세 2월 18일

- **맥체인성경의 통독구조<49>**

  4장 본문을 읽고 4시대 가운데 나타나는 하나님의 역사에 대해 공통주제와 사상을 찾은 후 그 핵심단어를 서로 링크하는 구조이다.

- **찬송가 | 73장**
- **말 씀 | 출애굽기 1장 / 누가복음 4장 / 욥기 18장 / 고린도전서 5장**

출애굽기 1장 / **요셉은 덕스러운 행위로 평화를 이룸**	누가복음 4장 / **죄인은 회개에 합당한 행위로 열매를 맺음**
• **출1:6-11** 요셉과 그의 모든 형제와 그 시대의 사람은 다 죽었고 이스라엘 자손은 생육하고 불어나 번성하고 매우 강하여 온 땅에 가득하게 되었더라 요셉을 알지 못하는 새 왕이 일어나 애굽을 다스리더니 그가 그 백성에게 이르되 이 백성 이스라엘 자손이 우리보다 많고 강하도다 자, 우리가 그들에게 대하여 지혜롭게 하자 두렵건대 그들이 더 많게 되면 전쟁이 일어날 때에 우리 대적과 합하여 우리와 싸우고 이 땅에서 나갈까 하노라 하고 감독들을 그들 위에 세우고 그들에게 무거운 짐을 지워 괴롭게 하여 그들에게 바로를 위하여 국고성 비돔과 라암셋을 건축하게 하니라 • **출1:14-17** • **출1:20-21**	• **눅4:1-6** 예수께서 성령의 충만함을 입어 요단 강에서 돌아오사 광야에서 사십 일 동안 성령에게 이끌리시며 마귀에게 시험을 받으시더라 이 모든 날에 아무것도 잡수시지 아니하시니 날 수가 다하매 주리신지라 마귀가 이르되 네가 만일 하나님의 아들이어든 이 돌들에게 명하여 떡이 되게 하라 예수께서 대답하시되 기록된 바 사람이 떡으로만 살 것이 아니라 하였느니라 마귀가 또 예수를 이끌고 올라가서 순식간에 천하 만국을 보이며 이르되 이 모든 권위와 그 영광을 내가 네게 주리라 이것은 내게 넘겨 준 것이므로 내가 원하는 자에게 주노라 • **눅4:13** 마귀가 모든 시험을 다 한 후에 얼마 동안 떠나니라 • **눅4:16** • **눅4:21-22. 25-27, 32, 36, 38-39, 43**
욥기 18장 / **욥은 정결이라는 행위로 신앙을 지킴**	고린도전서 5장 / **일꾼은 충성이라는 행위로 본을 보임**
• **욥18:3-8** 어찌하여 우리를 짐승으로 여기며 부정하게 보느냐 울분을 터뜨리며 자기 자신을 찢는 사람아 너 때문에 땅이 버림을 받겠느냐 바위가 그 자리에서 옮겨지겠느냐 악인의 빛은 꺼지고 그의 불꽃은 빛나지 않을 것이요 그의 장막 안의 빛은 어두워지고 그 위의 등불은 꺼질 것이요 그의 활기찬 걸음이 피곤하여지고 그가 마련한 꾀에 스스로 빠질 것이니 이는 그의 발이 그물에 빠지고 올가미에 걸려들며 • **욥18:12-13** 그의 힘은 기근으로 말미암아 쇠하고 그 곁에는 재앙이 기다릴 것이며 질병이 그의 피부를 삼키리니 곧 사망의 장자가 그의 지체를 먹을 것이며 • **욥18:15-17, 19, 21**	• **고전5:1** 너희 중에 심지어 음행이 있다 함을 들으니 그런 음행은 이방인 중에서도 없는 것이라 누가 그 아버지의 아내를 취하였다 하는도다 • **고전5:3-5** 내가 실로 몸으로는 떠나 있으나 영으로는 함께 있어서 거기 있는 것 같이 이런 일 행한 자를 이미 판단하였노라 주 예수의 이름으로 너희가 내 영과 함께 모여서 우리 주 예수의 능력으로 이런 자를 사탄에게 내주었으니 이는 육신은 멸하고 영은 주 예수의 날에 구원을 받게 하려 함이라 • **고전5:7-8** 너희는 누룩 없는 자인데 새 덩어리가 되기 위하여 묵은 누룩을 내버리라 우리의 유월절 양 곧 그리스도께서 희생되셨느니라… • **고전5:10-11**

묵 상 (연합내용)

영과 육, 그리고 믿는 자와 믿지 않는 자를 다스리는 권세는 하나님께 있으며 주의 허락하심에 따라 그의 종들에게 부어 주신다.

묵상을 위한 질문

1. 하나님은 요셉으로 인하여 애굽 땅 고센으로 내려간 70명에게 어떤 축복을 주셨나요?

2. 하나님을 두려워하고 경외하는 산파들은 어떤 행동을 통해 번성하고 강해졌나요?

3. 예수님께서 마귀의 시험을 물리치실 때 사용하신 방법은 무엇이었나요?

4. 더러운 귀신을 쫓아내고 중한 열병을 낫게 하신 예수님의 권세는 무엇에 뿌리를 두고 있을까요?

5. 수아 사람 빌닷은 친구 욥을 어떤 사람으로 평가했나요?

6. 수아 사람 빌닷은 악인인 욥에게 나타나는 심판의 모습을 어떻게 설명했나요?

7. 바울은 공간적으로 떨어져 있을 때 무엇으로 교회상황을 분별하고 판단하였나요?

8. 바울은 세상의 음행자들과 또 형제 중의 음행자를 어떻게 대하라고 했나요?

적 용

기 도

• 하나님을 두려워하며 온전히 경외함으로 큰 축복을 받게 하옵소서.
• 항상 말씀을 가까이하고 말씀에 근거하여 은사를 활용하게 하옵소서.
• 교회를 영적으로 분별하여 시험에 들지 않는 공동체로 세워가게 하옵소서.

말씀 암송

50 일차 / 365 도움 2월 19일

- **맥체인성경의 통독구조<50>**

신구약 4장을 동시에 읽으면 전혀 다른 배경과 내용이 나온다. 그 곳에서 공통점을 찾으면 주님의 입체적으로 일하심을 발견하게 된다. 따라서 지금 우리의 기도와 실천도 다양하게 응용하여 주어진 삶에 적용할 수 있는 구조다.

- **찬송가** | 465장
- **말 씀** | 출애굽기 2장 / 누가복음 5장 / 욥기 19장 / 고린도전서 6장

출애굽기 2장 / 영아살해 중에 모세를 살리는 세 여자의 도움

- **출2:1-3** 레위 가족 중 한 사람이 가서 레위 여자에게 장가 들어 그 여자가 임신하여 아들을 낳으니 그가 잘 생긴 것을 보고 석 달 동안 그를 숨겼으나 더 숨길 수 없게 되매 그를 위하여 갈대 상자를 가져다가 역청과 나무 진을 칠하고 아기를 거기 담아 나일 강 가 갈대 사이에 두고
- **출2:6** 열고 그 아기를 보니 아기가 우는지라 그가 그를 불쌍히 여겨 이르되 이는 히브리 사람의 아기로다
- **출2:9-12, 14-15, 17, 19, 23**

누가복음 5장 / 제자와 환자를변화시키는 예수의 도움

- **눅5:4-6** 말씀을 마치시고 시몬에게 이르시되 깊은 데로 가서 그물을 내려 고기를 잡으라 시몬이 대답하여 이르되 선생님 우리들이 밤이 새도록 수고하였으되 잡은 것이 없지마는 말씀에 의지하여 내가 그물을 내리리이다 하고 그렇게 하니 고기를 잡은 것이 심히 많아 그물이 찢어지는지라
- **눅5:8** 시몬 베드로가 이를 보고 예수의 무릎 아래에 엎드려 이르되 주여 나를 떠나소서 나는 죄인이로소이다 하니
- **눅5:11-13** • **눅5:19-20, 22-24, 27, 31-32, 36-38**

욥기 19장 / 하나님만이 자신의 도움이라는 욥의 고백

- **욥19:1-4** 욥이 대답하여 이르되 너희가 내 마음을 괴롭히며 말로 나를 짓부수기를 어느 때까지 하겠느냐 너희가 열 번이나 나를 학대하고도 부끄러워 아니하는구나 비록 내게 허물이 있다 할지라도 그 허물이 내게만 있느냐
- **욥19:8-11** 그가 내 길을 막아 지나가지 못하게 하시고 내 앞길에 어둠을 두셨으며 나의 영광을 거두어가시며 나의 관모를 머리에서 벗기시고 사면으로 나를 헐으시니 나는 죽었구나 내 희망을 나무 뽑듯 뽑으시고 나를 향하여 진노하시고 원수 같이 보시는구나
- **욥19:13** 나의 형제들이 나를 멀리 떠나게 하시니 나를 아는 모든 사람이 내게 낯선 사람이 되었구나
- **욥19:17-18, 20-21, 25-27**

고린도전서 6장 / 성도 간에 도움이 되어야 함을 가르치는 바울

- **고전6:1-2** 너희 중에 누가 다른 이와 더불어 다툼이 있는데 구태여 불의한 자들 앞에서 고발하고 성도 앞에서 하지 아니하느냐 성도가 세상을 판단할 것을 너희가 알지 못하느냐 세상도 너희에게 판단을 받겠거든 지극히 작은 일 판단하기를 감당하지 못하겠느냐
- **고전6:5-6** 내가 너희를 부끄럽게 하려 하여 이 말을 하노니 너희 가운데 그 형제간의 일을 판단할 만한 지혜 있는 자가 이같이 하나도 없느냐 형제가 형제와 더불어 고발할 뿐더러 믿지 아니하는 자들 앞에서 하느냐
- **고전6:9-10** 불의한 자가 하나님의 나라를 유업으로 받지 못할 줄을 알지 못하느냐 미혹을 받지 말라 음행하는 자나 우상 숭배하는 자나 간음하는 자나 탐색하는 자나 남색하는 자나 도적이나 탐욕을 부리는 자나 술 취하는 자나 모욕하는 자나 속여 빼앗는 자들은 하나님의 나라를 유업으로 받지 못하리라
- **고전6:12, 15, 17, 19-20**

묵 상
(연합내용)

고해같은 세상을 살아갈 때 믿는 자는 하나님의 도움을 받는다. 따라서 주 예수 안에서 한 형제가 된 성도는 서로 도우며 살아가야 한다.

묵상을 위한 질문

1. 아무 힘도 없는 모세는 어떤 세 여자의 도움으로 생명을 구원받게 되었나요?

2. 장성한 모세의 장점은 무엇이었나요?

3. 예수님이 시몬 베드로와 레위 마태를 제자로 부르실 때 어떻게 하셨나요?

4. 예수님이 나병환자와 중풍병자를 치료하실 때 먼저 무엇을 선포하셨나요?

5. 벗에게 말로 짓부수기와 열 번의 학대를 당한 욥은 어떻게 쓰러지지 않았을까요?

6. 하나님께서 자신을 치셨다고 말하는 욥은 왜 하나님으로부터 도움이 온다고 믿었을까요?

7. 주를 믿는 형제 서로 간에 다툼과 고발이 있는 이유는 무엇일까요?

8. 주를 믿는 형제는 교회의 지체인 자신의 육신을 어떻게 다스려야 할까요?

적 용

기 도

• 성도가 어려움에 처해 있을 때 서로 돕게 하옵소서.
• 서로 말로 짓부수기와 학대를 행하지 않도록 예수님의 인격을 닮게 하옵소서.
• 주여, 큰 믿음을 주사 주와 합한 자요 성령의 전으로 살아가게 하옵소서.

말씀 암송

51 일차 / 365 견해 2월 20일

- **맥체인성경의 통독구조<51>**
  기존 성경을 읽을 때는 등장인물이 주인공이 될 때도 많이 있으나 맥체인성경의 신구약 4장을 읽으면 모든 통일주제와 개별주제의 주인공이 하나님과 예수님과 성령님이 되는 구조이다.
- **찬송가** | 323장
- **말 씀** | 출애굽기 3장 / 누가복음 6장 / 욥기 20장 / 고린도전서 7장

출애굽기 3장 / 학대받는 이스라엘 자손에 대한 하나님의 견해

- **출3:1-2** 모세가 그의 장인 미디안 제사장 이드로의 양 떼를 치더니 그 떼를 광야 서쪽으로 인도하여 하나님의 산 호렙에 이르매 여호와의 사자가 떨기나무 가운데로부터 나오는 불꽃 안에서 그에게 나타나시니라 그가 보니 떨기나무에 불이 붙었으나 그 떨기나무가 사라지지 아니하는지라
- **출3:4** 여호와께서 그가 보려고 돌이켜 오는 것을 보신지라 하나님이 떨기나무 가운데서 그를 불러 이르시되 모세야 모세야 하시매 그가 이르되 내가 여기 있나이다
- **출3:7-10, 14, 17-18, 21-22**

누가복음 6장 / 안식일과 생활태도에 대한 예수님의 견해

- **눅6:1-2** 안식일에 예수께서 밀밭 사이로 지나가실새 제자들이 이삭을 잘라 손으로 비비어 먹으니 어떤 바리새인들이 말하되 어찌하여 안식일에 하지 못할 일을 하느냐
- **눅6:5** 또 이르시되 인자는 안식일의 주인이니라 하시더라
- **눅6:7-10** 서기관과 바리새인들이 예수를 고발할 증거를 찾으려 하여 안식일에 병을 고치시는가 엿보니 예수께서 그들의 생각을 아시고 …그 사람에게 이르시되 네 손을 내밀라 하시니 그가 그리하매 그 손이 회복된지라
- **눅6:17, 20-22, 24-25, 27-30, 32, 35, 42**

욥기 20장 / 고난당하는 자 욥에 대한 소발의 주관적 견해

- **욥20:3-7** 내가 나를 부끄럽게 하는 책망을 들었으므로 나의 슬기로운 마음이 나로 하여금 대답하게 하는구나 네가 알지 못하느냐 예로부터 사람이 이 세상에 생긴 때로부터 악인이 이긴다는 자랑도 잠시요 경건하지 못한 자의 즐거움도 잠깐이니라 그 존귀함이 하늘에 닿고 그 머리가 구름에 미칠지라도 자기의 똥처럼 영원히 망할 것이라 그를 본 자가 이르기를 그가 어디 있느냐 하리라
- **욥20:10** 그의 아들들은 가난한 자에게 은혜를 구하겠고 그도 얻은 재물을 자기 손으로 도로 줄 것이며
- **욥20:15** 그가 재물을 삼켰을지라도 토할 것은 하나님이 그의 배에서 도로 나오게 하심이니
- **욥20:18-19, 22-23, 27-29**

고린도전서 7장 / 결혼과 독신에 대한 바울의 신앙적 견해

- **고전7:3** 남편은 그 아내에 대한 의무를 다하고 아내도 그 남편에게 그렇게 할지라
- **고전7:5** 서로 분방하지 말라 다만 기도할 틈을 얻기 위하여 합의상 얼마 동안은 하되 다시 합하라 이는 너희가 절제 못함으로 말미암아 사탄이 너희를 시험하지 못하게 하려 함이라
- **고전7:7-11** 나는 모든 사람이 나와 같기를 원하노라 그러나 각각 하나님께 받은 자기의 은사가 있으니 이 사람은 이러하고 저 사람은 저러하니라 내가 결혼하지 아니한 자들과 과부들에게 이르노니 나와 같이 그냥 지내는 것이 좋으니라 만일 절제할 수 없거든 결혼하라 정욕이 불 같이 타는 것보다 결혼하는 것이 나으니라 결혼한 자들에게 내가 명하노니 (명하는 자는 내가 아니요 주시라) 여자는 남편에게서 갈라서지 말고 … 남편도 아내를 버리지 말라
- **고전7:14, 16-17, 19, 22-24, 28, 31, 35, 38-40**

묵 상
(연합내용)

사람은 생각하는 존재다. 하나님의 속성을 닮은 것이다. 생각의 산물은 견해다. 주관적, 신앙적, 섭리적 견해가 세상에 영향을 준다.

묵상을 위한 질문

1. 이스라엘 자손의 부르짖음을 들은 하나님은 어떤 구원의 계획을 가지셨나요?

2. 하나님이 모세를 통해 애굽 사람들의 은금 패물과 의복을 구하여 취하라고 이스라엘 백성에게 말씀하신 이유는 무엇일까요?

3. 예수님께서 평지에 서서 복과 화, 원수사랑과 눈의 들보에 대해 깊은 견해를 말씀하셨는데 이 모든 가르침의 공통점은 무엇일까요?

4. 예수님은 말씀을 듣고 행하는 자는 무엇을 짓는 자와 같다고 말씀하셨나요?

5. 욥의 대답을 들은 소발은 욥을 어떤 사람으로 평가하고 정죄했나요?

6. 소발의 신(하나님)에 대한 견해는 무엇일까요?

7. 바울은 결혼과 독신에 대해서 어떤 신앙적인 견해를 가지고 있었나요?

8. 바울은 믿지 않는 자와 가정을 이루었을 때 어떤 소망을 가졌나요?

적 용

기 도

- 우리의 고난을 감찰하시고 우리의 부르짖음을 들어 주옵소서.
- 우리로 하여금 원수를 사랑하고 자기 눈에 들보를 빼는 성서적 삶을 주옵소서
- 가정의 구원을 위해 희생하며 주의 일에 더욱 힘쓰는 자가 되게 하옵소서.

말씀
암송

52 일차 / 365 능력 2월 21일

- **맥체인성경의 통독구조<52>**

기존의 성경묵상은 한 책을 읽으므로 한 본문에 한 교훈을 찾는 것이 일반적이지만 맥체인성경 읽기와 묵상은 네 책을 읽고 네 본문의 공통점을 찾기 때문에 몇 개의 교훈이 나타난다. 그 중에 현재 감동을 주는 교훈을 적용하는 구조이다.

- **찬송가** | 423장
- **말 씀** | 출애굽기 4장 / 누가복음 7장 / 욥기 21장 / 고린도전서 8장

출애굽기 4장 / 사명감당을 위해 주신 기적을 일으키는 능력

- **출4:1-2** 모세가 대답하여 이르되 그러나 그들이 나를 믿지 아니하며 내 말을 듣지 아니하고 이르기를 여호와께서 네게 나타나지 아니하셨다 하리이다 여호와께서 그에게 이르시되 네 손에 있는 것이 무엇이냐 그가 이르되 지팡이니이다
- **출4:4** 여호와께서 모세에게 이르시되 네 손을 내밀어 그 꼬리를 잡으라 그가 손을 내밀어 그것을 잡으니 그의 손에서 지팡이가 된지라
- **출4:7-10** 이르시되 네 손을 다시 품에 넣으라 하시매 그가 다시 손을 품에 넣었다가 내어보니 그의 손이 본래의 살로 되돌아왔더라 …모세가 여호와께 아뢰되 오 주여 나는 본래 말을 잘 하지 못하는 자니이다 주께서 주의 종에게 명령하신 후에도 역시 그러하니 나는 입이 뻣뻣하고 혀가 둔한 자니이다
- **출4:14, 17-18, 21-22**

누가복음 7장 / 죽음을 생명으로 바꾸는 진실한 믿음의 능력

- **눅7:1-2** 예수께서 모든 말씀을 백성에게 들려 주시기를 마치신 후에 가버나움으로 들어가시니라 어떤 백부장의 사랑하는 종이 병들어 죽게 되었더니
- **눅7:5** 그가 우리 민족을 사랑하고 또한 우리를 위하여 회당을 지었나이다 하니
- **눅7:7-10** 그러므로 내가 주께 나아가기도 감당하지 못할 줄을 알았나이다 말씀만 하사 내 하인을 낫게 하소서 나도 남의 수하에 든 사람이요 내 아래에도 병사가 있으니 이더러 가라 하면 가고 저더러 오라 하면 오고 내 종더러 이것을 하라 하면 하나이다 예수께서 들으시고 그를 놀랍게 여겨 돌이키사 따르는 무리에게 이르시되 내가 너희에게 이르노니 이스라엘 중에서도 이만한 믿음은 만나보지 못하였노라 하시더라 보내었던 사람들이 집으로 돌아가 보매 종이 이미 나아 있었더라
- **눅7:17, 20-22, 24-25, 27-30, 32, 35, 42**

욥기 21장 / 포기하지 않고 견디며 설명하는 변론의 능력

- **욥21:3-7** 나를 용납하여 말하게 하라 내가 말한 후에 너희가 조롱할지니라 나의 원망이 사람을 향하여 하는 것이냐 내 마음이 어찌 조급하지 아니하겠느냐 너희가 나를 보면 놀라리라 손으로 입을 가리리라 내가 기억하기만 하여도 불안하고 두려움이 내 몸을 잡는구나 어찌하여 악인이 생존하고 장수하며 세력이 강하냐
- **욥21:10** 그들의 수소는 새끼를 배고 그들의 암소는 낙태하는 일이 없이 새끼를 낳는구나
- **욥21:15** 전능자가 누구이기에 우리가 섬기며 우리가 그에게 기도한들 무슨 소용이 있으랴 하는구나
- **욥21:18-19, 22-23, 27-29**

고린도전서 8장 / 약한 양심을 지켜주는 덕스러운 지식의 능력

- **고전8:3** 또 누구든지 하나님을 사랑하면 그 사람은 하나님도 알아 주시느니라
- **고전8:5** 비록 하늘에나 땅에나 신이라 불리는 자가 있어 많은 신과 많은 주가 있으나
- **고전8:7-11** 그러나 이 지식은 모든 사람에게 있는 것은 아니므로 어떤 이들은 지금까지 우상에 대한 습관이 있어 우상의 제물로 알고 먹는 고로 그들의 양심이 약하여지고 더러워지느니라 … 그러면 네 지식으로 그 믿음이 약한 자가 멸망하나니 그는 그리스도께서 위하여 죽으신 형제라
- **고전8:14, 16-17, 19, 22-24, 28, 31, 35, 38-40**

묵 상
(연합내용)

사람이 살아있는 것은 힘 때문이다. 이 모든 힘은 능력이다. 지적인 능력, 성품의 능력, 신앙의 능력, 은사의 능력이 우리를 온전한 그리스도인으로 만들어 주며 또한 위대한 사역자로 살아가게 한다.

묵상을 위한 질문

1. 하나님이 모세에게 초자연적인 능력을 주신 것은 어떤 뜻을 갖고 있는 것일까요?

2. 하나님은 모세에게 아론을 동역자로 세워 주셨는데 그의 역할은 무엇일까요?

3. 유대인에게 인정을 받는 백부장은 사랑하는 종을 위해 어떤 믿음을 보였나요?

4. 세례요한과 향유 옥합을 부은 여자는 어떤 공통점을 가지고 있나요?

5. 욥은 벗인 소발의 대답을 듣고 악인의 불신앙적인 태도를 어떻게 표현했나요?

6. 욥이 대답하는 말 속에서 고난 속에서도 절대 타협하지 않는 것은 무엇일까요?

7. 바울은 우주만물을 창조하신 분과 그 과정에 대해서 어떻게 가르치고 있나요?

8. 바울은 지식이 많은 강한 형제가 약한 양심을 가진 형제의 무엇을 주의해야 한다고 강조했나요?

적 용

기 도

• 주여! 우리에게 능력과 동역자를 주사 주의 일에 힘쓰는 자가 되게 하옵소서.
• 주여! 우리에게 큰 믿음을 주사 연약한 문제들을 능히 풀어가게 하옵소서.
• 주여! 우리에게 먼저 믿은 자의 덕과 지식을 주사 약한 자를 세우게 하옵소서.

말씀 암송

53 일차 / 365 순종 2월 22일

• 맥체인성경의 통독구조<53>

네 권의 책을 한 장씩 읽을 때 먼저 각 장마다 전체적인 내용을 파악하고 핵심주제 2개 이상을 찾는다. 그 다음 각 장의 주제를 비교하여 동일한 것을 연결하여 묵상하는 구조이다.

• 찬송가 | 382장

• 말 씀 | 출애굽기 5장 / 누가복음 8장 / 욥기 22장 / 고린도전서 9장

출애굽기 5장 / **모세와 아론이 바로 앞에 나간 순종**	누가복음 8장 / **광풍과 귀신과 죽음이 예수의 명령에 순종**
• **출5:1** 그 후에 모세와 아론이 바로에게 가서 이르되 이스라엘의 하나님 여호와께서 이렇게 말씀하시기를 내 백성을 보내라 그러면 그들이 광야에서 내 앞에 절기를 지킬 것이니라 하셨나이다 • **출5:3** 그들이 이르되 히브리인의 하나님이 우리에게 나타나셨은즉 우리가 광야로 사흘길쯤 가서 우리 하나님 여호와께 제사를 드리려 하오니 가도록 허락하소서 여호와께서 전염병이나 칼로 우리를 치실까 두려워하나이다 • **출5:6-8** 바로가 그 날에 백성의 감독들과 기록원들에게 명령하여 이르되… • **출5:14, 19-21, 23**	• **눅8:1-3** 그 후에 예수께서 각 성과 마을에 두루 다니시며 하나님의 나라를 선포하시며 그 복음을 전하실새 열두 제자가 함께 하였고 또한 악귀를 쫓아내심과 병 고침을 받은 어떤 여자들 곧 일곱 귀신이 나간 자 막달라인이라 하는 마리아와 헤롯의 청지기 구사의 아내 요안나와 수산나와 다른 여러 여자가 함께 하여 자기들의 소유로 그들을 섬기더라 • **눅8:11-16** 이 비유는 이러하니라 씨는 하나님의 말씀이요 길 가에 있다는 것은 말씀을 들은 자니 이에 마귀가 가서 그들이 믿어 구원을 얻지 못하게 하려고 말씀을 그 마음에서 빼앗는 것이요…누구든지 등불을 켜서 그릇으로 덮거나 평상 아래에 두지 아니하고 등경 위에 두나니 이는 들어가는 자들로 그 빛을 보게 하려 함이라 • **눅8:21, 23-24, 27-30, 37-39, 41-44, 50, 54-55**
욥기 22장 / **벗의 악평에도 침묵하시는 하나님에게 순종**	고린도전서 9장 / **모든 사람을 구원하기 위해 복음에 순종**
• **욥22:2-7** 사람이 어찌 하나님께 유익하게 하겠느냐 지혜로운 자도 자기에게 유익할 따름이니라 네가 의로운들 전능자에게 무슨 기쁨이 있겠으며 네 행위가 온전한들 그에게 무슨 이익이 되겠느냐 하나님이 너를 책망하시며 너를 심문하심이 너의 경건함 때문이냐 네 악이 크지 아니하냐 네 죄악이 끝이 없느니라 까닭 없이 형제를 볼모로 잡으며 헐벗은 자의 의복을 벗기며 목마른 자에게 물을 마시게 하지 아니하며 주린 자에게 음식을 주지 아니하였구나 • **욥22:9** 너는 과부를 빈손으로 돌려보내며 고아의 팔을 꺾는구나 • **욥22:13-14** • **욥22:21-25, 29**	• **고전9:12-16** 다른 이들도 너희에게 이런 권리를 가졌거든 하물며 우리일까보냐 그러나 우리가 이 권리를 쓰지 아니하고 범사에 참는 것은 그리스도의 복음에 아무 장애가 없게 하려 함이로다 성전의 일을 하는 이들은 성전에서 나는 것을 먹으며 제단에서 섬기는 이들은 제단과 함께 나누는 것을 너희가 알지 못하느냐 이와 같이 주께서도 복음 전하는 자들이 복음으로 말미암아 살리라 명하셨느니라 그러나 내가 이것을 하나도 쓰지 아니하였고 또 이 말을 쓰는 것은 내게 이같이 하여 달라는 것이 아니라 내가 차라리 죽을지언정 누구든지 내 자랑하는 것을 헛된 데로 돌리지 못하게 하리라 내가 복음을 전할지라도 자랑할 것이 없음은 내가 부득불 할 일임이라 만일 복음을 전하지 아니하면 내게 화가 있을 것이로다 • **고전9:18-19, 23-27**

묵 상
(연합내용)

인간에게 있어서 가장 아름다운 모습 중에 하나는 순종이다. 희생을 동반한 순종은 열매를 만들어내기 때문이다. 믿음의 영웅들은 주님과 절대가치 앞에 순종하는 것을 두려워하거나 부끄러워하지 않았다.

묵상을 위한 질문

1. 모세와 아론은 애굽왕 바로에게 가서 무엇이라고 말했나요?

2. 모세에게 절기를 지킬 것 즉 제사를 드리려한다는 말을 듣고 바로는 어떤 명령을 내렸나요?

3. 예수님이 12제자와 함께 하나님의 나라를 선포하실 때 누가 그들을 섬겼나요?

4. 광풍을 잔잔케 하시고, 야이로의 외딸을 살리시며, 12해를 혈루증으로 앓는 여자의 병이 낫도록 하신 사건에서 예수님은 항상 무엇을 가르치셨나요?

5. 엘리바스는 한마디로 욥을 어떻게 개인적이고 주관적으로 평가했나요?

6. 엘리바스는 욥을 그릇되게 평가하고 그 것에 근거하여 어떻게 권면했나요?

7. 바울은 자신에게 어떤 권리가 있다고 설명했나요?

8. 바울은 몇 사람이라도 더 구원하기 위해 어떤 자세를 가졌나요?

적 용

기 도

- 주여! 우리가 예배하는 일에 집중하게 하옵소서.
- 주여! 우리가 큰 믿음의 제자가 될 수 있도록 인도하여 주옵소서.
- 주여! 우리가 한 영혼이라도 더 구원하기 위해 바울의 열정을 갖게 하옵소서.

말씀 암송

54 일차 / 365 무지 2월 23일

- **맥체인성경의 통독구조<54>**

  시간의 초월을 통해 예언과 성취를 동시에 경험할 수 있는 구조이다.
  즉 이미 지나간 과거에 대한 긴 역사를 우리는 한 정점에서 동시에 묵상한다.

- **찬송가 | 383장**

- **말 씀 | 출애굽기 6장 / 누가복음 9장 / 욥기 23장 / 고린도전서 10장**

출애굽기 6장 / 하나님의 계획에 대한 이스라엘 자손과 바로의 무지

- **출6:4-7** 가나안 땅 곧 그들이 거류하는 땅을 그들에게 주기로 그들과 언약하였더니 이제 애굽 사람이 종으로 삼은 이스라엘 자손의 신음 소리를 내가 듣고 나의 언약을 기억하노라 그러므로 이스라엘 자손에게 말하기를 나는 여호와라 내가 애굽 사람의 무거운 짐 밑에서 너희를 빼내며 그들의 노역에서 너희를 건지며 편 팔과 여러 큰 심판들로써 너희를 속량하여 너희를 내 백성으로 삼고 나는 너희의 하나님이 되리니 나는 애굽 사람의 무거운 짐 밑에서 너희를 빼낸 너희의 하나님 여호와인 줄 너희가 알지라
- **출6:9** 모세가 이와 같이 이스라엘 자손에게 전하나 그들이 마음의 상함과 가혹한 노역으로 말미암아 모세의 말을 듣지 아니하였더라
- **출6:12** • **출6:20, 26-27, 29-30**

누가복음 9장 / 예수의 메시야되심에 대한 제자들과 헤롯의 무지

- **눅9:1-3** 예수께서 열두 제자를 불러 모으사 모든 귀신을 제어하며 병을 고치는 능력과 권위를 주시고 하나님의 나라를 전파하며 앓는 자를 고치게 하려고 내보내시며 이르시되 여행을 위하여 아무 것도 가지지 말라 지팡이나 배낭이나 양식이나 돈이나 두 벌 옷을 가지지 말며
- **눅9:8-9** 어떤 사람은 엘리야가 나타났다고도 하며 어떤 사람은 옛 선지자 한 사람이 다시 살아났다고도 함이라 헤롯이 이르되 요한은 내가 목을 베었거늘 이제 이런 일이 들리니 이 사람이 누군가 하며 그를 보고자 하더라
- **눅9:13-17, 20, 23-24, 26, 31, 41-43, 48, 50, 53-56, 58, 62**

욥기 23장 / 하나님의 주권적인 다스리심에 대한 욥의 무지

- **욥23:1-6** 욥이 대답하여 이르되 오늘도 내게 반항하는 마음과 근심이 있나니 내가 받는 재앙이 탄식보다 무거움이라 내가 어찌하면 하나님을 발견하고 그의 처소에 나아가랴 어찌하면 그 앞에서 내가 호소하며 변론할 말을 내 입에 채우고 내게 대답하시는 말씀을 내가 알며 내게 이르시는 것을 내가 깨달으랴 그가 큰 권능을 가지시고 나와 더불어 다투시겠느냐 아니로다 도리어 내 말을 들으시리라
- **욥23:10-13** 그러나 내가 가는 길을 그가 아시나니 그가 나를 단련하신 후에는 내가 순금 같이 되어 나오리라 내 발이 그의 걸음을 바로 따랐으며 내가 그의 길을 지켜 치우치지 아니하였고…그는 뜻이 일정하시니 누가 능히 돌이키랴 그의 마음에 하고자 하시는 것이면 그것을 행하시나니
- **욥23:15-17**

고린도전서 10장 / 하나님의 인도하심과 은혜에 대한 선민의 무지

- **고전10:1-6** 형제들아 나는 너희가 알지 못하기를 원하지 아니하노니 우리 조상들이 다 구름 아래에 있고 바다 가운데로 지나며 모세에게 속하여 다 구름과 바다에서 세례를 받고 다 같은 신령한 음식을 먹으며 다 같은 신령한 음료를 마셨으니 이는 그들을 따르는 신령한 반석으로부터 마셨으매 그 반석은 곧 그리스도시라그러나 그들의 다수를 하나님이 기뻐하지 아니하셨으므로 그들이 광야에서 멸망을 받았느니라 이러한 일은 우리의 본보기가 되어 우리로 하여금 그들이 악을 즐겨 한 것 같이 즐겨 하는 자가 되지 않게 하려 함이니
- **고전10:11-13, 16-17, 20-21, 23-25, 29-31, 33**

묵 상
(연합내용)

인간은 모든 것을 알 수 없다. 특히 신앙의 세계에 대한 것은 더욱 무지하다. 하나님의 백성과 자녀라 할지라도 어찌 하나님의 섭리와 역사하심을 다 알 수 있으랴! 결국 무지는 죄와 그 결과로 멸망을 낳는다.

묵상을 위한 질문

1. 여호와 하나님은 아브라함과 이삭과 야곱과 맺은 언약을 지키시기 위해 어떤 일을 계획하셨나요?

2. 하나님의 명령을 준행하려는 모세에게 대두된 두 개의 문제는 무엇이었나요?

3. 예수 그리스도의 초자연적인 사역과 십자가의 죽음은 어떤 관계를 갖을까요?

4. 예수님께서 제자들을 파송하셨을 때 하라고 한 것과 하지 말라고 한 것에는 어떤 것들이 있었을까요?

5. 세 친구에게 위로받지 못한 욥은 하나님 앞에서 어떤 신앙적 노력을 했나요?

6. 의로운 욥이 가장 두려워했던 것은 무엇이었나요?

7. 바울이 고린도교회 성도들에게 의외로 많이 강조한 교훈은 무엇이었을까요?

8. 믿음이 강한 자는 모든 것이 가능하지만 왜 다 쓰지 않고 절제해야 할까요?

적 용

기 도

- 주여! 우리로 하여금 하나님이 주신 언약을 잊지 않게 하옵소서.
- 주여! 우리가 어떤 난관에 처할지라도 맡겨진 일에 충성하게 하옵소서.
- 주여! 우리로 하여금 어떤 형태의 우상숭배에도 빠지지 않게 하옵소서.

말씀 암송

55 일차 / 365 역사(일하심) 2월 24일

- **맥체인성경의 통독구조<55>**
구약 2장, 신약 2장을 읽을 때 제일 먼저 읽는 구약성경에서 가능한 주제를 모두 묵상하여 다음 신약을 읽을 때 연관된 주제를 찾고, 다음 구약 그리고 신약에서 주제를 점점 좁혀가는 묵상구조다.
- **찬송가** | 354장
- **말 씀** | 출애굽기 7장 / 누가복음 10장 / 욥기 24장 / 고린도전서 11장

출애굽기 7장 / 바로 앞에서 기적을 행하게 하시는 하나님의 역사

- **출7:4-7** 바로가 너희의 말을 듣지 아니할 터인즉 내가 내 손을 애굽에 뻗쳐 여러 큰 심판을 내리고 내 군대, 내 백성 이스라엘 자손을 그 땅에서 인도하여 낼지라 내가 내 손을 애굽 위에 펴서 이스라엘 자손을 그 땅에서 인도하여 낼 때에야 애굽 사람이 나를 여호와인 줄 알리라 하시매 모세와 아론이 여호와께서 자기들에게 명령하신 대로 행하였더라 그들이 바로에게 말할 때에 모세는 팔십 세였고 아론은 팔십삼 세였더라
- **출7:9** 바로가 너희에게 이르기를 너희는 이적을 보이라 하거든 너는 아론에게 말하기를 너의 지팡이를 들어서 바로 앞에 던지라 하라 그것이 뱀이 되리라
- **출7:12** • **출7:20, 26-27, 29-30**

누가복음 10장 / 70인에게 영적 권능의 사역을 주신 예수님의 역사

- **눅10:1-3** 그 후에 주께서 따로 칠십 인을 세우사 친히 가시려는 각 동네와 각 지역으로 둘씩 앞서 보내시며 이르시되 추수할 것은 많되 일꾼이 적으니 그러므로 추수하는 주인에게 청하여 추수할 일꾼들을 보내 주소서 하라 갈지어다 내가 너희를 보냄이 어린 양을 이리 가운데로 보냄과 같도다
- **눅10:8-9** 어느 동네에 들어가든지 너희를 영접하거든 너희 앞에 차려놓는 것을 먹고 거기 있는 병자들을 고치고 또 말하기를 하나님의 나라가 너희에게 가까이 왔다 하라
- **눅10:13-17**
- **눅10:20, 23-24, 26, 31, 41-43, 48, 50, 53-56, 58, 62**

욥기 24장 / 종국에는 악인을 심판하시는 하나님의 역사

- **욥24:1-6** 어찌하여 전능자는 때를 정해 놓지 아니하셨는고 그를 아는 자들이 그의 날을 보지 못하는고 … 세상에서 학대 받는 자가 다 스스로 숨는구나 그들은 거친 광야의 들나귀 같아서 나가서 일하며 먹을 것을 부지런히 구하니 빈 들이 그들의 자식을 위하여 그에게 음식을 내는구나 밭에서 남의 꼴을 베며 악인이 남겨 둔 포도를 따며
- **욥24:10-13** 그들이 옷이 없어 벌거벗고 다니며 곡식 이삭을 나르나 굶주리고 그 사람들의 담 사이에서 기름을 짜며 목말라 하면서 술 틀을 밟느니라 … 하나님이 그들의 참상을 보지 아니하시느니라 또 광명을 배반하는 사람들은 이러하니 그들은 그 도리를 알지 못하며 그 길에 머물지 아니하는 자라
- **욥24:15-17**

고린도전서 11장 / 예법을 통해 교회 안에 질서를 세우는 바울의 역사

- **고전11:1-6** 내가 그리스도를 본받는 자가 된 것 같이 너희는 나를 본받는 자가 되라 너희가 모든 일에 나를 기억하고 또 내가 너희에게 전하여 준 대로 그 전통을 너희가 지키므로 너희를 칭찬하노라 그러나 나는 너희가 알기를 원하노니 각 남자의 머리는 그리스도요 여자의 머리는 남자요 그리스도의 머리는 하나님이시라 무릇 남자로서 머리에 무엇을 쓰고 기도나 예언을 하는 자는 그 머리를 욕되게 하는 것이요 … 만일 여자가 머리를 가리지 않거든 깎을 것이요 만일 깎거나 미는 것이 여자에게 부끄러움이 되거든 가릴지니라
- **고전11:11-13, 16-17, 20-21, 23-25, 29-31, 33**

• 하나님 마음 알아가기 • 나(우리)에게 주시는 말씀

묵 상 (연합내용)

하나님이 일하시니 예수님도 일하신다. 따라서 그의 제자인 우리도 일한다. 이와 같은 역사를 통해 하나님의 나라는 흥왕하고 왕성해진다.

묵상을 위한 질문

1. 물이 변하여 피가 된 재앙은 불순종한 바로에게 어떤 의미를 줄까요?

2. 피재앙 앞에서 바로와 애굽 사람들은 어떤 자세로 대처했나요?

3. 주님은 세우신 70인 제자에게 무엇을 가지되 무엇을 가지지 말라고 하셨나요?

4. 주님은 선한 사마리아인의 비유를 통해 이웃사랑을 어떻게 가르쳐 주셨나요?

5. 욥은 하나님이 자신에게 침묵하실지라도 결국 악한 자에 대해서는 어떻게 하실 것을 확신했나요?

6. 하나님의 침묵과 하나님의 지연은 하나님의 통치 중 무엇에 해당될까요?

7. 바울은 교회 안에서 남자와 여자가 어떤 위치와 구별된 외모를 갖추어야 한다고 말했나요?

8. 바울은 성스러운 성만찬 예전이 집례될 때 무엇을 지켜야 한다고 말했나요?

적 용

기 도

- 우리의 능력있는 사역이 당장의 결과를 가져오지 않더라도 인내하게 하옵소서.
- 주여! 우리로 하여금 성서적인 이웃사랑을 하게 하옵소서.
- 주여! 교회의 예법과 성례를 따라 항상 질서 있는 교회를 세우게 하옵소서.

말씀 암송

56 일차 / 365 은사 2월 25일

- **맥체인성경의 통독구조<56>**

성경을 읽을 때, 하나님의 모습, 신앙인의 모습, 대적자의 모습, 주어진 환경을 분류하면서 읽을 때 공통주제를 쉽게 발견할 수 있는 구조다.

- **찬송가** | 73장
- **말 씀** | 출애굽기 8장 / 누가복음 11장 / 욥기 25-26장 / 고린도전서 12장

출애굽기 8장 / 바로와 애굽에 재앙을 내린 모세의 초자연적인 은사

- **출8:4-7** 개구리가 너와 네 백성과 네 모든 신하에게 기어오르리라 하셨다 하라 여호와께서 모세에게 이르시되 아론에게 명령하기를 네 지팡이를 잡고 네 팔을 강들과 운하들과 못 위에 펴서 개구리들이 애굽 땅에 올라오게 하라 할지니라 아론이 애굽 물들 위에 그의 손을 내밀매 개구리가 올라와서 애굽 땅에 덮이니 요술사들도 자기 요술대로 그와 같이 행하여 개구리가 애굽 땅에 올라오게 하였더라
- **출8:9** 모세가 바로에게 이르되 내가 왕과 왕의 신하와 왕의 백성을 위하여 이 개구리를 왕과 왕궁에서 끊어 나일 강에만 있도록 언제 간구하는 것이 좋을는지 내게 분부하소서
- **출8:12** • **출8:20, 26-27, 29-30**

누가복음 11장 / 바리새인과 율법교사에게 화를 전하는 말씀의 은사

- **눅11:1-3** 예수께서 한 곳에서 기도하시고 마치시매 제자 중 하나가 여짜오되 주여 요한이 자기 제자들에게 기도를 가르친 것과 같이 우리에게도 가르쳐 주옵소서 예수께서 이르시되 너희는 기도할 때에 이렇게 하라 아버지여 이름이 거룩히 여김을 받으시오며 나라가 임하시오며 우리에게 날마다 일용할 양식을 주시옵고
- **눅11:8-9** 내가 너희에게 말하노니 비록 벗 됨으로 인하여서는 일어나서 주지 아니할지라도 그 간청함을 인하여 일어나 그 요구대로 주리라 내가 또 너희에게 이르노니 구하라 그러면 너희에게 주실 것이요 찾으라 그러면 찾아낼 것이요 문을 두드리라 그러면 너희에게 열릴 것
- **눅11:13-17** • **눅11:20, 23-24, 26, 31, 41-43, 48, 50, 53-56, 58, 62**

욥기 25-26장 / 빌닷의 선입견에도 하나님을 찬양하는 욥의 지적인 은사

- **욥25:2-6** 하나님은 주권과 위엄을 가지셨고 높은 곳에서 화평을 베푸시느니라 그의 군대를 어찌 계수할 수 있으랴 그가 비추는 광명을 받지 않은 자가 누구냐 그런즉 하나님 앞에서 사람이 어찌 의롭다 하며 여자에게서 난 자가 어찌 깨끗하다 하랴 보라 그의 눈에는 달이라도 빛을 발하지 못하고 별도 빛나지 못하거든 하물며 구더기 같은 사람, 벌레 같은 인생이랴
- **욥26:2-3** 네가 힘 없는 자를 참 잘도 도와 주는구나 기력 없는 팔을 참 잘도 구원하여 주는구나 지혜 없는 자를 참 잘도 가르치는구나 큰 지식을 참 잘도 자랑하는구나
- **욥26:7-10, 14**

고린도전서 12장 / 한 성령이 각 지체에게 나눠 주신 신령한 은사

- **고전12:1-6** 형제들아 신령한 것에 대하여 나는 너희가 알지 못하기를 원하지 아니하노니 너희도 알거니와 너희가 이방인으로 있을 때에 말 못하는 우상에게로 끄는 그대로 끌려 갔느니라 그러므로 내가 너희에게 알리노니 하나님의 영으로 말하는 자는 누구든지 예수를 저주할 자라 하지 아니하고 또 성령으로 아니하고는 누구든지 예수를 주시라 할 수 없느니라 은사는 여러 가지나 성령은 같고 직분은 여러 가지나 주는 같으며 또 사역은 여러 가지나 모든 것을 모든 사람 가운데서 이루시는 하나님은 같으니
- **고전12:11-13, 16-17, 20-21, 23-25, 29-31, 33**

• 하나님 마음 알아가기 • 나(우리)에게 주시는 말씀

묵 상
(연합내용)

은사는 힘이다. 세상을 이기고 주의 일을 하며 교회를 세우는 놀라운 선물이다. 또한 믿는 자에게 주어진 은사는 하나님의 뜻 안에서 때로는 심판적인 형태로, 때로는 구원적인 형태로 사용되어진다.

묵상을 위한 질문

1. 바로는 왜 거듭되는 재앙 앞에서도 모세와 그 백성에게 거짓을 반복하고 이스라엘 자손을 내보지 않았을까요?

2. 하나님은 왜 모세를 통해 애굽에 개구리, 이, 파리재앙을 내리셨을까요?

3. 예수님은 제자들에게 어떻게 기도하라고 가르치셨나요?

4. 예수님은 바리새인과 율법교사를 왜 저주하셨나요?

5. 왜 빌닷은 의로운 욥을 조금도 인정하지 않았을까요?

6. 빌닷에게 표현한 말을 볼 때 욥은 어떤 창조신앙을 가지고 있을까요?

7. 성령이 한 몸을 이루고 있는 각 지체에게 다른 은사를 주시는 이유는 무엇일까요?

8. 몸을 이루고 있는 각 지체가 몸된 교회를 온전히 세워가기 위해 반드시 가져야 할 공동체적인 정신(성서적인 가치관)은 무엇일까요?

적 용

기 도

- 주여! 잘못된 생각과 습관을 버리게 하옵소서.
- 주여! 바른 기도를 드리므로 풍성한 응답을 받게 하옵소서.
- 주여! 꼭 필요한 은사를 주사 주님의 몸된 교회를 세워가게 하옵소서.

말씀 암송

3장 실전편

6 과부와 나그네를 죽이며 고아들을
살해하며
7 말하기를 여호와가 보지 못하며 야
곱의 하나님이 알아차리지 못하리
라 하나이다
8 백성 중의 어리석은 자들아 너희는
생각하라 무지한 자들아 너희가 언
제나 지혜로울까
9 귀를 [1]지으신 이가 듣지 아니하시랴
눈을 만드신 이가 보지 아니하시랴
10 뭇 백성을 징벌하시는 이 곧 지식으
로 사람을 교훈하시는 이가 징벌하
지 아니하시랴
11 여호와께서는 사람의 생각이 허무
함을 아시느니라
12 여호와여 주로부터 징벌을 받으며
주의 법으로 교훈하심을 받는 자가
복이 있나니
13 이런 사람에게는 환난의 날을 피하
게 하사 악인을 위하여 구덩이를 팔
때까지 평안을 주시리이다
14 여호와께서는 자기 백성을 버리지
아니하시며 자기의 소유를 외면하지
아니하시리로다
15 심판이 의로 돌아가리니 마음이 정
직한 자가 다 따르리로다
16 누가 나를 위하여 일어나서 행악자
들을 치며 누가 나를 위하여 일어나
서 악행하는 자들을 칠까
17 여호와께서 내게 도움이 되지 아니
하셨더면 내 영혼이 벌써 침묵 속에
잠겼으리로다
18 여호와여 나의 발이 미끄러진다고
말할 때에 주의 인자하심이 나를 붙
드셨사오며
19 내 속에 근심이 많을 때에 주의 위안
이 내 영혼을 즐겁게 하시나이다
20 율례를 빙자하고 재난을 꾸미는 [2]악
한 재판장이 어찌 주와 어울리리이
까
21 그들이 모여 의인의 영혼을 치려 하
며 무죄한 자를 정죄하여 피를 흘리
려 하나
22 여호와는 나의 요새이시요 나의 하
나님은 내가 피할 반석이시라
23 그들의 죄악을 그들에게로 되돌리시
며 그들의 악으로 말미암아 그들을
끊으시리니 여호와 우리 하나님이
그들을 끊으시리로다

1) 심으신 자가 2) 악의 자리가

OCTOBER 10 283일차

열왕기상 13장

벧엘 제단 규탄

13 보라 그 때에 하나님의 사람이
여호와의 말씀으로 말미암아 유
다에서부터 벧엘에 이르니 마침 여
로보암이 제단 곁에 서서 분향하는
지라
2 하나님의 사람이 제단을 향하여 여
호와의 말씀으로 외쳐 이르되 제단
아 제단아 여호와께서 이와 같이 말
씀하시기를 다윗의 집에 요시야라
이름하는 아들을 낳으리니 그가 네
위에 분향하는 산당 제사장을 네 위
에서 제물로 바칠 것이요 또 사람의
뼈를 네 위에서 사르리라 하셨느니
라 하고
3 그 날에 그가 징조를 들어 이르되 이

는 여호와께서 말씀하신 징조라 제
단이 갈라지며 그 위에 있는 재가 쏟
아지리라 하매
4 여로보암 왕이 하나님의 사람이 벧
엘에 있는 제단을 향하여 외쳐 말함
을 들을 때에 제단에서 손을 펴며 그
를 잡으라 하더라 그를 향하여 편 손
이 말라 다시 거두지 못하며
5 하나님의 사람이 여호와의 말씀으
로 보인 징조대로 제단이 갈라지며
재가 제단에서 쏟아진지라
6 왕이 하나님의 사람에게 말하여 이
르되 청하건대 너는 나를 위하여 네
하나님 여호와께 은혜를 구하여 내
손이 다시 성하게 기도하라 하나님
의 사람이 여호와께 은혜를 구하니
왕의 손이 다시 성하여 전과 같이 되
니라
7 왕이 하나님의 사람에게 이르되 나
와 함께 집에 가서 쉬라 내가 네게
예물을 주리라
8 하나님의 사람이 왕께 대답하되 왕
께서 왕의 집 절반을 내게 준다 할지
라도 나는 왕과 함께 들어가지도 아
니하고 이 곳에서는 떡도 먹지 아니
하고 물도 마시지 아니하리니
9 이는 곧 여호와의 말씀이 내게 명령
하여 이르시기를 떡도 먹지 말며 물
도 마시지 말고 왔던 길로 되돌아가
지 말라 하셨음이니이다 하고
10 이에 다른 길로 가고 자기가 벧엘에
오던 길로 되돌아가지도 아니하니라

벧엘의 늙은 선지자

11 ● 벧엘에 한 늙은 선지자가 살더니
그의 아들들이 와서 이 날에 하나님
의 사람이 벧엘에서 행한 모든 일을
그에게 말하고 또 그가 왕에게 드린
말씀도 그들이 그들의 아버지에게
말한지라
12 그들의 아버지가 그들에게 이르되
그가 어느 길로 가더냐 하니 그의 아
들들이 유다에서부터 온 하나님의
사람의 간 길을 보았음이라
13 그가 그의 아들들에게 이르되 나를
위하여 나귀에 안장을 지우라 그들
이 나귀에 안장을 지우니 그가 타고
14 하나님의 사람을 뒤따라가서 상수리
나무 아래에 앉은 것을 보고 이르되
그대가 유다에서 온 하나님의 사람
이냐 대답하되 그러하다
15 그가 그 사람에게 이르되 나와 함께
집으로 가서 떡을 먹으라
16 대답하되 나는 그대와 함께 돌아가
지도 못하겠고 그대와 함께 들어가
지도 못하겠으며 내가 이 곳에서 그
대와 함께 떡도 먹지 아니하고 물도
마시지 아니하리니
17 이는 여호와의 말씀이 내게 이르시
기를 네가 거기서 떡도 먹지 말고 물
도 마시지 말며 또 네가 오던 길로
되돌아가지도 말라 하셨음이로다
18 그가 그 사람에게 이르되 나도 그대
와 같은 선지자라 천사가 여호와의
말씀으로 내게 이르기를 그를 네 집
으로 데리고 돌아가서 그에게 떡을
먹이고 물을 마시게 하라 하였느니
라 하니 이는 그 사람을 속임이라
19 이에 그 사람이 그와 함께 돌아가서
그의 집에서 떡을 먹으며 물을 마시
니라
20 ● 그들이 상 앞에 앉아 있을 때에 여
호와의 말씀이 그 사람을 데려온 선
지자에게 임하니
21 그가 유다에서부터 온 하나님의 사
람을 향하여 외쳐 이르되 여호와의
말씀에 네가 여호와의 말씀을 어기

며 네 하나님 여호와께서 네게 내리
신 명령을 지키지 아니하고
22 돌아와서 여호와가 너더러 떡도 먹
지 말고 물도 마시지 말라 하신 곳에
서 떡을 먹고 물을 마셨으니 네 시체
가 네 조상들의 묘실에 들어가지 못
하리라 하셨느니라 하니라
23 그리고 자기가 데리고 온 선지자가
떡을 먹고 물을 마신 후에 그를 위하
여 나귀에 안장을 지우니라
24 이에 그 사람이 가더니 사자가 길에
서 그를 만나 물어 죽이매 그의 시체
가 길에 버린 바 되니 나귀는 그 곁
에 서 있고 사자도 그 시체 곁에 서
있더라
25 지나가는 사람들이 길에 버린 시체
와 그 시체 곁에 선 사자를 보고 그
늙은 선지자가 사는 성읍에 가서 말
한지라
26 그 사람을 길에서 데리고 돌아간 선
지자가 듣고 말하되 이는 여호와의
말씀을 어긴 하나님의 사람이로다
여호와께서 그에게 하신 말씀과 같
이 여호와께서 그를 사자에게 넘기
시매 사자가 그를 찢어 죽였도다 하
고
27 이에 그의 아들들에게 말하여 이르
되 나를 위하여 나귀에 안장을 지우
라 그들이 안장을 지우매
28 그가 가서 본즉 그의 시체가 길에 버
린 바 되었고 나귀와 사자는 그 시체
곁에 서 있는데 사자가 시체를 먹지
도 아니하였고 나귀를 찢지도 아니
하였더라
29 늙은 선지자가 하나님의 사람의 시
체를 들어 나귀에 실어 가지고 돌아
와 자기 성읍으로 들어가서 슬피 울
며 장사하되
30 곧 그의 시체를 자기의 묘실에 두고
오호라 내 형제여 하며 그를 위하여
슬피우니라
31 그 사람을 장사한 후에 그가 그 아
들들에게 말하여 이르되 내가 죽거
든 하나님의 사람을 장사한 묘실에
나를 장사하되 내 뼈를 그의 뼈 곁에
두라
32 그가 여호와의 말씀으로 벧엘에 있
는 제단을 향하고 또 사마리아 성읍
들에 있는 모든 산당을 향하여 외쳐
말한 것이 반드시 이룰 것임이니라

여로보암의 죄

33 ● 여로보암이 이 일 후에도 그의 악
한 길에서 떠나 돌이키지 아니하고
다시 일반 백성을 산당의 제사장으
로 삼되 누구든지 자원하면 그 사람
을 산당의 제사장으로 삼았으므로
34 이 일이 여로보암 집에 죄가 되어 그
집이 땅 위에서 끊어져 멸망하게 되
니라

빌립보서 4장

4 그러므로 나의 사랑하고 사모하는
형제들, 나의 기쁨이요 면류관인
사랑하는 자들아 이와 같이 주 안에
서라

권면

2 ● 내가 유오디아를 권하고 순두게를
권하노니 주 안에서 같은 마음을 품
으라
3 또 참으로 나와 멍에를 같이한 네게
구하노니 복음에 나와 함께 힘쓰던
저 여인들을 돕고 또한 글레멘드와
그 외에 나의 동역자들을 도우라 그
이름들이 생명책에 있느니라
4 ● 주 안에서 항상 기뻐하라 내가 다
시 말하노니 기뻐하라

5 너희 관용을 모든 사람에게 알게 하
라 주께서 가까우시니라
6 아무 것도 염려하지 말고 다만 모든
일에 기도와 간구로, 너희 구할 것을
감사함으로 하나님께 아뢰라
7 그리하면 모든 지각에 뛰어난 하나
님의 평강이 그리스도 예수 안에서
너희 마음과 생각을 지키시리라
8 ●끝으로 형제들아 무엇에든지 참
되며 무엇에든지 경건하며 무엇에든
지 옳으며 무엇에든지 정결하며 무
엇에든지 사랑 받을 만하며 무엇에
든지 칭찬 받을 만하며 무슨 덕이
있든지 무슨 기림이 있든지 이것들
을 생각하라
9 [1]너희는 내게 배우고 받고 듣고 본
바를 행하라 그리하면 평강의 하나
님이 너희와 함께 계시리라

빌립보 사람들의 선물

10 ●내가 주 안에서 크게 기뻐함은 너
희가 나를 생각하던 것이 이제 다시
싹이 남이니 너희가 또한 이를 위하
여 생각은 하였으나 기회가 없었느
니라
11 내가 궁핍하므로 말하는 것이 아니
니라 어떠한 형편에든지 나는 자족
하기를 배웠노니
12 나는 비천에 처할 줄도 알고 풍부에
처할 줄도 알아 모든 일 곧 배부름과
배고픔과 풍부와 궁핍에도 처할 줄
아는 일체의 비결을 배웠노라
13 내게 능력 주시는 자 안에서 내가 모
든 것을 할 수 있느니라
14 그러나 너희가 내 괴로움에 함께 [2]참
여하였으니 잘하였도다
15 빌립보 사람들아 너희도 알거니와
복음의 시초에 내가 마게도냐를 떠
날 때에 주고 받는 내 일에 [2]참여한
교회가 너희 외에 아무도 없었느니
라
16 데살로니가에 있을 때에도 너희가
한 번뿐 아니라 두 번이나 나의 쓸
것을 보내었도다
17 내가 선물을 구함이 아니요 오직 너
희에게 유익하도록 풍성한 열매를
구함이라
18 내게는 모든 것이 있고 또 풍부한지
라 에바브로디도 편에 너희가 준 것
을 받으므로 내가 풍족하니 이는 받
으실 만한 향기로운 제물이요 하나
님을 기쁘시게 한 것이라
19 나의 하나님이 그리스도 예수 안에
서 영광 가운데 그 풍성한 대로 너희
모든 쓸 것을 채우시리라
20 하나님 곧 우리 아버지께 세세 무궁
하도록 영광을 돌릴지어다 아멘

끝 인사

21 ●그리스도 예수 안에 있는 성도에
게 각각 문안하라 나와 함께 있는 형
제들이 너희에게 문안하고
22 모든 성도들이 너희에게 문안하되
특히 가이사의 집 사람들 중 몇이니
라
23 ●주 예수 그리스도의 은혜가 너희
심령에 있을지어다

에스겔 43장

여호와께서 성전에 들어가시다

43 그 후에 그가 나를 데리고 문에
이르니 곧 동쪽을 향한 문이라
2 이스라엘 하나님의 영광이 동쪽에
서부터 오는데 하나님의 음성이 많
은 물 소리 같고 땅은 그 영광으로
말미암아 빛나니
3 그 모양이 내가 본 환상 곧 전에 성

1) 또는 너희는 배우고 내 안에서 본 바를 2) 또는 교제

읍을 멸하러 올 때에 보던 환상 같고
그발 강 가에서 보던 환상과도 같기
로 내가 곧 얼굴을 땅에 대고 엎드렸
더니
4 여호와의 영광이 동문을 통하여 성
전으로 들어가고
5 영이 나를 들어 데리고 안뜰에 들어
가시기로 내가 보니 여호와의 영광
이 성전에 가득하더라
6 ●성전에서 내게 하는 말을 내가 듣
고 있을 때에 어떤 사람이 내 곁에
서 있더라
7 그가 내게 이르시되 인자야 이는 내
보좌의 처소, 내 발을 두는 처소, 내
가 이스라엘 족속 가운데에 영원히
있을 곳이라 이스라엘 족속 곧 그들
과 그들의 왕들이 음행하며 그 죽은
왕들의 시체로 다시는 내 거룩한 이
름을 더럽히지 아니하리라
8 그들이 그 문지방을 내 문지방 곁에
두며 그 문설주를 내 문설주 곁에 두
어서 그들과 나 사이에 겨우 한 담이
막히게 하였고 또 그 행하는 가증한
일로 내 거룩한 이름을 더럽혔으므
로 내가 노하여 멸망시켰거니와
9 이제는 그들이 그 음란과 그 왕들의
시체를 내게서 멀리 제거하여 버려
야 할 것이라 그리하면 내가 그들 가
운데에 영원히 살리라
10 ●인자야 너는 이 성전을 이스라엘
족속에게 보여서 그들이 자기의 죄
악을 부끄러워하고 그 형상을 측량
하게 하라
11 만일 그들이 자기들이 행한 모든 일
을 부끄러워하거든 너는 이 성전의
제도와 구조와 그 출입하는 곳과 그
모든 형상을 보이며 또 그 모든 규례
와 그 모든 법도와 그 모든 율례를
알게 하고 그 목전에 그것을 써서 그
들로 그 모든 법도와 그 모든 규례를
지켜 행하게 하라
12 성전의 법은 이러하니라 산 꼭대기
지점의 주위는 지극히 거룩하리라
성전의 법은 이러하니라

번제단의 모양과 크기

13 ●제단의 크기는 이러하니라 한 자
는 팔꿈치에서부터 손가락에 이르
고 한 손바닥 넓이가 더한 것이라 제
단 밑받침의 높이는 한 척이요 그 사
방 가장자리의 너비는 한 척이며 그
가로 둘린 턱의 너비는 한 뼘이니 이
는 제단 밑받침이요
14 이 땅에 닿은 밑받침 면에서 아래층
의 높이는 두 척이요 그 가장자리의
너비는 한 척이며 이 아래층 면에서
이 층의 높이는 네 척이요 그 가장자
리의 너비는 한 척이며
15 그 번제단 위층의 높이는 네 척이며
그 번제하는 바닥에서 솟은 뿔이 넷
이며
16 그 번제하는 바닥의 길이는 열두 척
이요 너비도 열두 척이니 네모 반듯
하고
17 그 아래층의 길이는 열네 척이요 너비
는 열네 척이니 네모 반듯하고 그 밑
받침에 둘린 턱의 너비는 반 척이며
그 가장자리의 너비는 한 척이니라 그
층계는 동쪽을 향하게 할지니라

번제단의 봉헌

18 ●그가 내게 이르시되 인자야 주 여
호와께서 이같이 말씀하셨느니라
이 제단을 만드는 날에 그 위에 번제
를 드리며 피를 뿌리는 규례는 이러
하니라
19 주 여호와의 말씀이니라 나를 가까
이 하여 내게 수종드는 사독의 자손

레위 사람 제사장에게 너는 어린 수
송아지 한 마리를 주어 속죄제물을
삼되
20 네가 그 피를 가져다가 제단의 네 뿔
과 아래층 네 모퉁이와 사방 가장자
리에 발라 속죄하여 제단을 정결하
게 하고
21 그 속죄제물의 수송아지를 가져다가
성전의 정한 처소 곧 성소 밖에서 불
사를지며
22 다음 날에는 흠 없는 숫염소 한 마리
를 속죄제물로 삼아 드려서 그 제단
을 정결하게 하기를 수송아지로 정
결하게 함과 같이 하고
23 정결하게 하기를 마친 후에는 흠 없
는 수송아지 한 마리와 떼 가운데에
서 흠 없는 숫양 한 마리를 드리되
24 나 여호와 앞에 받들어다가 제사장
은 그 위에 소금을 쳐서 나 여호와께
번제로 드릴 것이며
25 칠 일 동안은 매일 염소 한 마리를
갖추어 속죄제물을 삼고 또 어린 수
송아지 한 마리와 떼 가운데에서 숫
양 한 마리를 흠 없는 것으로 갖출
것이며
26 이같이 칠 일 동안 제단을 위하여
속죄제를 드려 정결하게 하며 드릴
것이요
27 이 모든 날이 찬 후 제팔일과 그 다
음에는 제사장이 제단 위에서 너희
번제와 감사제를 드릴 것이라 그리
하면 내가 너희를 즐겁게 받으리라
주 여호와의 말씀이니라

시편 95 · 96편

95 오라 우리가 여호와께 노래하며
우리의 구원의 반석을 향하여
즐거이 외치자
2 우리가 감사함으로 그 앞에 나아가
며 시를 지어 즐거이 그를 노래하자
3 여호와는 크신 하나님이시요 모든
신들보다 크신 왕이시기 때문이로다
4 땅의 깊은 곳이 그의 손 안에 있으며
산들의 높은 곳도 그의 것이로다
5 바다도 그의 것이라 그가 만드셨고
육지도 그의 손이 지으셨도다
6 오라 우리가 굽혀 경배하며 우리를
지으신 여호와 앞에 무릎을 꿇자
7 그는 우리의 하나님이시요 우리는
그가 기르시는 백성이며 그의 손이
돌보시는 양이기 때문이라 너희가
오늘 그의 음성을 듣거든
8 너희는 [1]므리바에서와 같이 또 광야
의 맛사에서 지냈던 날과 같이 너희
마음을 완악하게 하지 말지어다
9 그 때에 너희 조상들이 내가 행한 일
을 보고서도 나를 시험하고 조사하
였도다
10 내가 사십 년 동안 그 세대로 말미암
아 근심하여 이르기를 그들은 마음
이 미혹된 백성이라 내 길을 알지 못
한다 하였도다
11 그러므로 내가 노하여 맹세하기를
그들은 내 안식에 들어오지 못하리
라 하였도다
96 새 노래로 여호와께 노래하라
온 땅이여 여호와께 노래할지어
다
2 여호와께 노래하여 그의 이름을 송
축하며 그의 구원을 날마다 전파할
지어다
3 그의 영광을 백성들 가운데에, 그의
기이한 행적을 만민 가운데에 선포
할지어다
4 여호와는 위대하시니 지극히 찬양

1) 다툼

할 것이요 모든 신들보다 경외할 것
임이여
5 만국의 모든 신들은 우상들이지만 여
호와께서는 하늘을 지으셨음이로다
6 존귀와 위엄이 그의 앞에 있으며 능
력과 아름다움이 그의 성소에 있도
다
7 만국의 족속들아 영광과 권능을 여
호와께 돌릴지어다 여호와께 돌릴지
어다
8 여호와의 이름에 합당한 영광을 그
에게 돌릴지어다 예물을 들고 그의
궁정에 들어갈지어다
9 아름답고 거룩한 것으로 여호와께
예배할지어다 온 땅이여 그 앞에서
떨지어다
10 모든 나라 가운데서 이르기를 여호
와께서 다스리시니 세계가 굳게 서
고 흔들리지 않으리라 그가 만민을
공평하게 심판하시리라 할지로다
11 하늘은 기뻐하고 땅은 즐거워하며
바다와 거기에 충만한 것이 외치고
12 밭과 그 가운데에 있는 모든 것은 즐
거워할지로다 그 때 숲의 모든 나무
들이 여호와 앞에서 즐거이 노래하
리니
13 그가 임하시되 땅을 심판하러 임하
실 것임이라 그가 의로 세계를 심판
하시며 그의 진실하심으로 백성을
심판하시리로다

OCTOBER 11 284일차

열왕기상 14장

여로보암의 아들의 죽음

14 그 때에 여로보암의 아들 아비야
가 병든지라
2 여로보암이 자기 아내에게 이르되
청하건대 일어나 변장하여 사람들
이 그대가 여로보암의 아내임을 알
지 못하게 하고 실로로 가라 거기 선
지자 아히야가 있나니 그는 이전에
내가 이 백성의 왕이 될 것을 내게
말한 사람이니라
3 그대의 손에 떡 열 개와 과자와 꿀
한 병을 가지고 그에게로 가라 그가
그대에게 이 아이가 어떻게 될지를
알게 하리라
4 여로보암의 아내가 그대로 하여 일
어나 실로로 가서 아히야의 집에 이
르니 아히야는 나이가 많아 눈이 어
두워 보지 못하더라
5 여호와께서 아히야에게 이르시되
여로보암의 아내가 자기 아들이 병
들었으므로 네게 물으러 오나니 너
는 이러이러하게 대답하라 그가 들
어올 때에 다른 사람인 체함이니라
6 ●그가 문으로 들어올 때에 아히야
가 그 발소리를 듣고 말하되 여로보
암의 아내여 들어오라 네가 어찌하
여 다른 사람인 체하느냐 내가 명령
을 받아 흉한 일을 네게 전하리니
7 가서 여로보암에게 말하라 이스라
엘의 하나님 여호와의 말씀이 내가
너를 백성 중에서 들어 내 백성 이스
라엘의 주권자가 되게 하고
8 나라를 다윗의 집에서 찢어내어 네
게 주었거늘 너는 내 종 다윗이 내
명령을 지켜 전심으로 나를 따르며
나 보기에 정직한 일만 행하였음과

갈지 아니하고
9 네 이전 사람들보다도 더 악을 행하
고 가서 너를 위하여 다른 신을 만들
며 우상을 부어 만들어 나를 노엽게
하고 나를 네 등 뒤에 버렸도다
10 그러므로 내가 여로보암의 집에 재
앙을 내려 여로보암에게 속한 사내
는 이스라엘 가운데 매인 자나 놓인
자나 다 끊어 버리되 거름 더미를 쓸
어 버림 같이 여로보암의 집을 말갛
게 쓸어 버릴지라
11 여로보암에게 속한 자가 성읍에서
죽은즉 개가 먹고 들에서 죽은즉 공
중의 새가 먹으리니 이는 여호와께
서 말씀하셨음이니라 하셨나니
12 너는 일어나 네 집으로 가라 네 발이
성읍에 들어갈 때에 그 아이가 죽을
지라
13 온 이스라엘이 그를 위하여 슬퍼하
며 장사하려니와 여로보암에게 속
한 자는 오직 이 아이만 묘실에 들어
가리니 이는 여로보암의 집 가운데
에서 그가 이스라엘의 하나님 여호
와를 향하여 선한 뜻을 품었음이니
라
14 여호와께서 이스라엘 위에 한 왕을
일으키신즉 그가 그 날에 여로보암
의 집을 끊어 버리리라 언제냐 하니
곧 이제라
15 여호와께서 이스라엘을 쳐서 물에
서 흔들리는 갈대 같이 되게 하시고
이스라엘을 그의 조상들에게 주신
이 좋은 땅에서 뽑아 그들을 [1]강 너
머로 흩으시리니 그들이 아세라 상
을 만들어 여호와를 진노하게 하였
음이니라
16 여호와께서 여로보암의 죄로 말미
암아 이스라엘을 버리시리니 이는
그도 범죄하고 이스라엘로 범죄하게
하였음이니라 하니라
17 ● 여로보암의 아내가 일어나 디르사
로 돌아가서 집 문지방에 이를 때에
그 아이가 죽은지라
18 온 이스라엘이 그를 장사하고 그를
위하여 슬퍼하니 여호와께서 그의
종 선지자 아히야를 통하여 하신 말
씀과 같이 되었더라

여로보암의 죽음

19 ● 여로보암의 그 남은 행적 곧 그가
어떻게 싸웠는지와 어떻게 다스렸는
지는 이스라엘 왕 역대지략에 기록
되니라
20 여로보암이 왕이 된 지 이십이 년이
라 그가 그의 조상들과 함께 자매
그의 아들 나답이 대신하여 왕이 되
니라

유다 왕 르호보암(대하 11:5-12:15)

21 ● 솔로몬의 아들 르호보암은 유다
왕이 되었으니 르호보암이 왕위에
오를 때에 나이가 사십일 세라 여호
와께서 자기 이름을 두시려고 이스
라엘 모든 지파 가운데에서 택하신
성읍 예루살렘에서 십칠 년 동안 다
스리니라 그의 어머니의 이름은 나
아마요 암몬 사람이더라
22 유다가 여호와 보시기에 악을 행하
되 그의 조상들이 행한 모든 일보다
뛰어나게 하여 그 범한 죄로 여호와
를 노엽게 하였으니
23 이는 그들도 산 위에와 모든 푸른 나
무 아래에 산당과 우상과 아세라 상
을 세웠음이라
24 그 땅에 또 남색하는 자가 있었고 여
호와께서 이스라엘 자손 앞에서 쫓
아내신 국민의 모든 가증한 일을 무

1) 유브라데 강

리가 본받아 행하였더라
25 ●르호보암 왕 제오년에 애굽의 왕
시삭이 올라와서 예루살렘을 치고
26 여호와의 성전의 보물과 왕궁의 보
물을 모두 빼앗고 또 솔로몬이 만든
금 방패를 다 빼앗은지라
27 르호보암 왕이 그 대신 놋으로 방패
를 만들어 왕궁 문을 지키는 시위대
대장의 손에 맡기매
28 왕이 여호와의 성전에 들어갈 때마
다 시위하는 자가 그 방패를 들고 갔
다가 시위소로 도로 가져갔더라
29 ●르호보암의 남은 사적과 그가 행
한 모든 일은 유다 왕 역대지략에 기
록되지 아니하였느냐
30 르호보암과 여로보암 사이에 항상
전쟁이 있으니라
31 르호보암이 그의 조상들과 함께 자
니 그의 조상들과 함께 다윗 성에 장
사되니라 그의 어머니의 이름은 나
아마요 암몬 사람이더라 그의 아들
아비얌이 대신하여 왕이 되니라

골로새서 1장

인사

1 하나님의 뜻으로 말미암아 그리스
도 예수의 사도 된 바울과 형제 디
모데는
2 골로새에 있는 [1]성도들 곧 그리스도
안에서 신실한 형제들에게 편지하노
니 우리 아버지 하나님으로부터 은
혜와 평강이 너희에게 있을지어다

하나님께 감사를 드리다

3 ●우리가 너희를 위하여 기도할 때
마다 하나님 곧 우리 주 예수 그리스
도의 아버지께 감사하노라
4 이는 그리스도 예수 안에 너희의 믿
음과 모든 성도에 대한 사랑을 들었
음이요
5 너희를 위하여 하늘에 쌓아 둔 소망
으로 말미암음이니 곧 너희가 전에
복음 [2]진리의 말씀을 들은 것이라
6 이 복음이 이미 너희에게 이르매 너
희가 듣고 참으로 하나님의 은혜를
깨달은 날부터 너희 중에서와 같이
또한 온 천하에서도 열매를 맺어 자
라는도다
7 이와 같이 우리와 함께 종 된 사랑
하는 에바브라에게 너희가 배웠나
니 그는 너희를 위한 그리스도의 신
실한 일꾼이요
8 성령 안에서 너희 사랑을 우리에게
알린 자니라

하나님의 형상이시요 교회의 머리시라

9 ●이로써 우리도 듣던 날부터 너희
를 위하여 기도하기를 그치지 아니
하고 구하노니 너희로 하여금 모든
신령한 지혜와 총명에 하나님의 뜻
을 아는 것으로 채우게 하시고
10 주께 합당하게 행하여 범사에 기쁘
시게 하고 모든 선한 일에 열매를 맺
게 하시며 하나님을 아는 것에 자라
게 하시고
11 그의 영광의 힘을 따라 모든 능력으
로 능하게 하시며 기쁨으로 모든 견
딤과 오래 참음에 이르게 하시고
12 우리로 하여금 빛 가운데서 성도의
기업의 부분을 얻기에 합당하게 하
신 아버지께 감사하게 하시기를 원
하노라
13 그가 우리를 흑암의 권세에서 건져
내사 그의 사랑의 아들의 나라로 옮
기셨으니
14 그 아들 안에서 우리가 속량 곧 죄
사함을 얻었도다

1) 또는 성도들과 2) 헬, 참

15 그는 보이지 아니하는 하나님의 형
상이시요 모든 피조물보다 먼저 나
신 이시니
16 만물이 그에게서 창조되되 하늘과
땅에서 보이는 것들과 보이지 않는
것들과 혹은 왕권들이나 주권들이
나 통치자들이나 권세들이나 만물
이 다 그로 말미암고 그를 위하여 창
조되었고
17 또한 그가 만물보다 먼저 계시고 만
물이 그 안에 함께 섰느니라
18 그는 몸인 교회의 머리시라 그가 근
본이시요 죽은 자들 가운데서 먼저
나신 이시니 이는 친히 만물의 으뜸
이 되려 하심이요
19 아버지께서는 모든 충만으로 예수
안에 거하게 하시고
20 그의 십자가의 피로 화평을 이루사
만물 곧 땅에 있는 것들이나 하늘에
있는 것들이 그로 말미암아 자기와
화목하게 되기를 기뻐하심이라
21 전에 악한 행실로 멀리 떠나 마음으
로 원수가 되었던 너희를
22 이제는 그의 육체의 죽음으로 말미
암아 화목하게 하사 너희를 거룩하
고 흠 없고 책망할 것이 없는 자로
그 앞에 세우고자 하셨으니
23 만일 너희가 믿음에 거하고 터 위에
굳게 서서 너희 들은 바 복음의 소망
에서 흔들리지 아니하면 그리하리라
이 복음은 천하 [1]만민에게 전파된
바요 나 바울은 이 복음의 일꾼이 되
었노라

교회를 위하여 바울이 하는 일

24 ●나는 이제 너희를 위하여 받는 괴
로움을 기뻐하고 그리스도의 남은
고난을 그의 몸된 교회를 위하여 내
육체에 채우노라
25 내가 교회의 일꾼 된 것은 하나님이
너희를 위하여 내게 주신 직분을 따
라 하나님의 말씀을 이루려 함이니
라
26 이 비밀은 만세와 만대로부터 감추
어졌던 것인데 이제는 그의 성도들
에게 나타났고
27 하나님이 그들로 하여금 이 비밀의
영광이 이방인 가운데 얼마나 풍성
한지를 알게 하려 하심이라 이 비밀
은 너희 안에 계신 그리스도시니 곧
영광의 소망이니라
28 우리가 그를 전파하여 [2]각 사람을
권하고 모든 지혜로 각 사람을 가르
침은 각 사람을 그리스도 안에서 완
전한 자로 세우려 함이니
29 이를 위하여 나도 내 속에서 능력으
로 역사하시는 이의 역사를 따라 힘
을 다하여 수고하노라

에스겔 44장

성전 동쪽 문은 닫아 두라

44 그가 나를 데리고 성소의 동쪽
을 향한 바깥 문에 돌아오시니
그 문이 닫혔더라
2 여호와께서 내게 이르시되 이 문은
닫고 다시 열지 못할지니 아무도 그
리로 들어오지 못할 것은 이스라엘
하나님 나 여호와가 그리로 들어왔
음이라 그러므로 닫아 둘지니라
3 왕은 왕인 까닭에 안 길로 이 문 현
관으로 들어와서 거기에 앉아서 나
여호와 앞에서 음식을 먹고 그 길로
나갈 것이니라

여호와의 영광이 성전에 가득하다

4 ●그가 또 나를 데리고 북문을 통하
여 성전 앞에 이르시기로 내가 보니

1) 헬, 모든 창조물에게 2) 또는 모든 지혜로 각 사람을 권하고

여호와의 영광이 여호와의 성전에
가득한지라 내가 얼굴을 땅에 대고
엎드리니
5 여호와께서 내게 이르시되 인자야
너는 전심으로 주목하여 내가 네게
말하는 바 여호와의 성전의 모든 규
례와 모든 율례를 귀로 듣고 또 성전
의 입구와 성소의 출구를 전심으로
주목하고
6 너는 반역하는 자 곧 이스라엘 족속
에게 이르기를 주 여호와께서 이같
이 말씀하시기를 이스라엘 족속아
너희의 모든 가증한 일이 족하니라
7 너희가 마음과 몸에 할례 받지 아니
한 이방인을 데려오고 내 떡과 기름
과 피를 드릴 때에 그들로 내 성소
안에 있게 하여 내 성전을 더럽히므
로 너희의 모든 가증한 일 외에 그들
이 내 언약을 위반하게 하는 것이 되
었으며
8 너희가 내 성물의 직분을 지키지 아
니하고 내 성소에 사람을 두어 너희
직분을 대신 지키게 하였느니라

레위 사람들의 제사장 직분을 박탈하다

9 ● 주 여호와께서 이같이 말씀하셨
느니라 이스라엘 족속 중에 있는 이
방인 중에 마음과 몸에 할례를 받지
아니한 이방인은 내 성소에 들어오
지 못하리라
10 이스라엘 족속이 그릇 행하여 나를
떠날 때에 레위 사람도 그릇 행하여
그 우상을 따라 나를 멀리 떠났으니
그 죄악을 담당하리라
11 그러나 그들이 내 성소에서 수종들
어 성전 문을 맡을 것이며 성전에서
수종들어 백성의 번제의 희생물과
다른 희생물을 잡아 백성 앞에 서서
수종들게 되리라
12 그들이 전에 백성을 위하여 그 우상
앞에서 수종들어 이스라엘 족속이
죄악에 걸려 넘어지게 하였으므로
내가 내 손을 들어 쳐서 그들이 그
죄악을 담당하였느니라 주 여호와
의 말씀이니라
13 그들이 내게 가까이 나아와 제사장
의 직분을 행하지 못하며 또 내 성물
곧 지성물에 가까이 오지 못하리니
그들이 자기의 수치와 그 행한 바 가
증한 일을 담당하리라
14 그러나 내가 그들을 세워 성전을 지
키게 하고 성전에 모든 수종드는 일
과 그 가운데에서 행하는 모든 일을
맡기리라

제사장들

15 ● 이스라엘 족속이 그릇 행하여 나
를 떠날 때에 사독의 자손 레위 사
람 제사장들은 내 성소의 직분을 지
켰은즉 그들은 내게 가까이 나아와
수종을 들되 내 앞에 서서 기름과 피
를 내게 드릴지니라 주 여호와의 말
씀이니라
16 그들이 내 성소에 들어오며 또 내 상
에 가까이 나아와 내게 수종들어 내
가 맡긴 직분을 지키되
17 그들이 안뜰 문에 들어올 때에나 안
뜰 문과 성전 안에서 수종들 때에는
양털 옷을 입지 말고 가는 베 옷을
입을 것이니
18 가는 베 관을 머리에 쓰며 가는 베
바지를 입고 땀이 나게 하는 것으로
허리를 동이지 말 것이며
19 그들이 바깥뜰 백성에게로 나갈 때
에는 수종드는 옷을 벗어 거룩한 방
에 두고 다른 옷을 입을지니 이는 그
옷으로 백성을 거룩하게 할까 함이
라

20 그들은 또 머리털을 밀지도 말며 머
리털을 길게 자라게도 말고 그 머리
털을 깎기만 할 것이며
21 아무 제사장이든지 안뜰에 들어갈
때에는 포도주를 마시지 말 것이며
22 과부나 이혼한 여인에게 장가 들지
말고 오직 이스라엘 족속의 처녀나
혹시 제사장의 과부에게 장가 들 것
이며
23 내 백성에게 거룩한 것과 속된 것의
구별을 가르치며 부정한 것과 정한
것을 분별하게 할 것이며
24 송사하는 일을 재판하되 내 규례대
로 재판할 것이며 내 모든 정한 절기
에는 내 법도와 율례를 지킬 것이며
또 내 안식일을 거룩하게 하며
25 시체를 가까이 하여 스스로 더럽히
지 못할 것이로되 부모나 자녀나 형
제나 시집 가지 아니한 자매를 위하
여는 더럽힐 수 있으며
26 이런 자는 스스로 정결하게 한 후에
칠 일을 더 지낼 것이요
27 성소에서 수종들기 위해 안뜰과 성
소에 들어갈 때에는 속죄제를 드릴
지니라 주 여호와의 말씀이니라
28 ● 그들에게는 기업이 있으리니 내가
곧 그 기업이라 너희는 이스라엘 가
운데에서 그들에게 산업을 주지 말
라 내가 그 산업이 됨이라
29 그들은 소제와 속죄제와 속건제의
제물을 먹을지니 이스라엘 중에서
구별하여 드리는 물건을 다 그들에
게 돌리며
30 또 각종 처음 익은 열매와 너희 모든
예물 중에 각종 거제 제물을 다 제
사장에게 돌리고 너희가 또 첫 밀가
루를 제사장에게 주어 그들에게 네
집에 복이 내리도록 하게 하라
31 새나 가축이 저절로 죽은 것이나 찢
겨서 죽은 것은 다 제사장이 먹지 말
것이니라

시편 97 · 98편

97 여호와께서 다스리시나니 땅은
즐거워하며 허다한 섬은 기뻐할
지어다
2 구름과 흑암이 그를 둘렀고 의와 공
평이 그의 보좌의 기초로다
3 불이 그의 앞에서 나와 사방의 대적
들을 불사르시는도다
4 그의 번개가 세계를 비추니 땅이 보
고 떨었도다
5 산들이 여호와의 앞 곧 온 땅의 주
앞에서 밀랍 같이 녹았도다
6 하늘이 그의 의를 선포하니 모든 백
성이 그의 영광을 보았도다
7 조각한 신상을 섬기며 [1]허무한 것으
로 자랑하는 자는 다 수치를 당할
것이라 너희 신들아 여호와께 경배
할지어다
8 여호와여 시온이 주의 심판을 듣고
기뻐하며 유다의 딸들이 즐거워하였
나이다
9 여호와여 주는 온 땅 위에 지존하시
고 모든 신들보다 위에 계시니이다
10 여호와를 사랑하는 너희여 악을 미
워하라 그가 그의 성도의 영혼을 보
전하사 악인의 손에서 건지시느니라
11 의인을 위하여 빛을 뿌리고 마음이
정직한 자를 위하여 기쁨을 뿌리시
는도다
12 의인이여 너희는 여호와로 말미암아
기뻐하며 그의 거룩한 이름에 감사
할지어다

1) 우상으로

시

98 새 노래로 여호와께 찬송하라
그는 기이한 일을 행하사 그의
오른손과 거룩한 팔로 자기를 위하
여 구원을 베푸셨음이로다
2 여호와께서 그의 구원을 알게 하시
며 그의 공의를 뭇 나라의 목전에서
명백히 나타내셨도다
3 그가 이스라엘의 집에 베푸신 인자
와 성실을 기억하셨으므로 땅 끝까
지 이르는 모든 것이 우리 하나님의
구원을 보았도다
4 온 땅이여 여호와께 즐거이 소리칠
지어다 소리 내어 즐겁게 노래하며
찬송할지어다
5 수금으로 여호와를 노래하라 수금
과 음성으로 노래할지어다
6 나팔과 호각 소리로 왕이신 여호와
앞에 즐겁게 소리칠지어다
7 바다와 거기 충만한 것과 세계와 그
중에 거주하는 자는 다 외칠지어다
8 여호와 앞에서 큰 물은 박수할지어
다 산악이 함께 즐겁게 노래할지어
다
9 그가 땅을 심판하러 임하실 것임이
로다 그가 의로 세계를 판단하시며
공평으로 그의 백성을 심판하시리
로다

OCTOBER 12 285일차

열왕기상 15장

유다 왕 아비얌(대하 13:1-14:1)

15 느밧의 아들 여로보암 왕 열여덟
째 해에 아비얌이 유다 왕이 되
고
2 예루살렘에서 삼 년 동안 다스리니
라 그의 어머니의 이름은 마아가요
아비살롬의 딸이더라
3 아비얌이 그의 아버지가 이미 행한
모든 죄를 행하고 그의 마음이 그의
조상 다윗의 마음과 같지 아니하여
그의 하나님 여호와 앞에 온전하지
못하였으나
4 그의 하나님 여호와께서 다윗을 위
하여 예루살렘에서 그에게 등불을
주시되 그의 아들을 세워 뒤를 잇게
하사 예루살렘을 견고하게 하셨으
니
5 이는 다윗이 헷 사람 우리아의 일 외
에는 평생에 여호와 보시기에 정직
하게 행하고 자기에게 명령하신 모
든 일을 어기지 아니하였음이라
6 르호보암과 여로보암 사이에 사는
날 동안 전쟁이 있었더니
7 아비얌과 여로보암 사이에도 전쟁이
있으니라 아비얌의 남은 사적과 그
행한 모든 일은 유다 왕 역대지략에
기록되지 아니하였느냐
8 아비얌이 그의 조상들과 함께 자니
다윗 성에 장사되고 그 아들 아사가
대신하여 왕이 되니라

유다 왕 아사(대하 15:16-16:6)

9 ●이스라엘의 여로보암 왕 제이십년
에 아사가 유다 왕이 되어
10 예루살렘에서 사십일 년 동안 다스
리니라 그의 어머니의 이름은 마아
가라 아비살롬의 딸이더라
11 아사가 그의 조상 다윗 같이 여호와
보시기에 정직하게 행하여

맥체인성경 이독통독 말씀여행 Day-283

2019.10.10.(목)

Ⅰ. 맥체인성경과 통독구조

Ⅱ. 핵심구절 읽기

성경본문	열왕기상13장	빌립보서4장	에스겔43장	시편95~96편
통일주제				
개별주제				
연합내용				
핵심구절				

Ⅲ. 묵상하기

1.
2.
3.
4.
5.
6.
7.
8.

Ⅳ. 기도제목

1.
2.
3.

283 일차 / 365 10월 10일

- 맥체인성경의 통독구조<283>

- 찬송가 | 531장
- 말 씀 | 열왕기상 13장 / 빌립보서 4장 / 에스겔 43장 / 시편 95~96편

열왕기상 13장 /	빌립보서 4장 /

에스겔 43장 /	시편 95-96편 /

• 하나님 마음 알아가기 • 나(우리)에게 주시는 말씀

묵 상
(연합내용)

묵상을
위한
질문

적 용

기 도

말씀
암송

284 일차 / 365 10월 11일

● 맥체인성경의 통독구조<284>

● 찬송가 | 536장

● 말 씀 | 열왕기상 14장 / 골로새서 1장 / 에스겔 44장 / 시편 97~98편

열왕기상 14장 /	골로새서 1장 /

에스겔 44장 /	시편 97-98편 /

• 하나님 마음 알아가기 • 나(우리)에게 주시는 말씀

묵 상
(연합내용)

묵상을
위한
질문

적 용

기 도

말씀
암송

맥체인성경 이독통독 말씀여행 Day-284

2019.10.11.(금)

Ⅰ. 맥체인성경과 통독구조

Ⅱ. 핵심구절 읽기

성경본문	열왕기상 14장	골로새서 1장	에스겔 44장	시편 97~98편
통일주제				
개별주제				
연합내용				
핵심구절				

Ⅲ. 묵상하기

1.
2.
3.
4.
5.
6.
7.
8.

Ⅳ. 기도제목

1.
2.
3.

2. 맥체인성경 통독에 참고할 자료

● 도서

1.『영감 넘치는 맥체인 성경읽기』(로고스성경사역원)

2.『영감 넘치는 맥체인 성경읽기 워크북(훈련교재)』(로고스성경사역원)

3.『맥체인성경읽기방법 성경 이렇게 읽읍시다』(부흥과 개혁사)

4.『로버트 맥체인 회고록』(부흥과개혁사)

5.『로버트 맥체인과 떠나는 여행』(부흥과 개혁사)

6.『로버트 맥체인』(지평서원)

7.『로버트 머리 맥체인: 하나님의 사람들』(양무리서원)

8.『거룩을 갈망한 작은 예수 로버트 맥체인』(넥서스크로스)

9.『로버트 M, 맥체인의 생애』(CLC)

10. 로버트 맥체인 설교집『마태복음』,『마가복음』,『로마서』(그책의 사람들)

11.『맥체인성경365 통독묵상 가이드』(선교횃불)

12.『맥체인 통독 맥잡기』(선교횃불)

●SNS 참조

페이스북 : https://www.facebook.com/profile.php?id=100006657647442

네이버 블로그 : https://blog.naver.com/missiontorch

네이버 까페 : https://cafe.naver.com/jesuslovezone

다음 까페 : http://cafe.daum.net/missiontorch

유튜브 : 맥체인성경세미나

●맥체인성경 통독 웹사이트

드라마 바이블 : https://dramabible.org

갓피플 성경통독 어플 http://www.godpeople.com/?GO=mobile_detail&appid=93

성경타자통독 : https://bible.ctm.kr/

●오디오 성경

Hi-Fi 로고스 맥체인 전자성경

3. 출판사 서평

경건한 삶의 본을 보여준 성도의 모델 그에게서 살아 있는 하나님을 볼 수 있다

맥체인은 모든 영혼을 뜨겁게 사랑한 목회자였고, 거룩한 삶의 본을 보여준 성도의 모델 이었다. 역사적으로 수많은 성자가 세상을 거쳐 갔지만 그리스도를 가장 많이 닮은 사람을 선택하라고 하면 단연 맥체인이 될 것이다. 당시 사람들이 맥체인을 보고 "하나님이 여기 계시다"는 인상을 받을 만큼 그는 그리스도의 광채를 드러낸 사람이었다. 그의 설교를 들은 사람들은 누구도 뜨거운 은혜의 불길을 피할 수 없었다.

거룩을 갈망한 작은 예수 짧은 생애동안 맥체인이 보여준 경건한 삶은 장엄의 극치였다!

29살의 인생을 오직 하나님으로 꽉 채운[로버트 맥체인]이 넥서스CROSS에서 출간되었 다. 이 책은 설교, 목회, 신학, 기도, 선교, 영성 각 분야에서 하나님께 쓰임받은 신앙 위 인들의 삶을 차례로 조명해보는 [믿음의 거장 시리즈] 중 하나로, 국내·외 다양한 자료 를 바탕으로 로버트 맥체인의 생애와 사상, 업적과 영향력을 고르게 다루고 있다. 일반적 전기 스타일에서 벗어나 생애에 드러난 감동적인 이야기를 담고 있는 것이 특징이며, 드라마틱하면서도 구속사적인 역사관을 바탕에 깔고 있다. 깊이 있으면서도 어렵지 않게 구성되어 있어, 평신도와 신학생, 목회자에 이르기까지 누구나 부담 없이 읽을 수 있다. 믿음의 거장들의 생애를 통해 독자들은 신앙적 교훈을 얻는 것은 물론, 신앙의 도전을 받게 될 것이다.

7년을 70년처럼 목회한 사람

29년 10개월이라는 짧은 생을 살았지만 수많은 영적 거장이 로버트 맥체인을 기억하고그의 삶을 따르려 할 만큼 그는 영성의 거장이다. 그의 삶은 감히 비교를 한다면 예수님과 같은 완전한 순종의 삶을 살았다. 찰스 스펄전은 "맥체인의 전기는 모든 그리스도인이 꼭 읽어야 한다"고 강조했으며 "맥체인의 설교와 목회가 하나님의 능력에 사로잡힌 바 되었다는 말 외에 달리 표현할 길이 없다"고 극찬할 정도였다. 어린 시절 맥체인은 문예에 탁월한 소질이 있는 온화한 아이었다. 그런 그의 온화한 마음에 경건한 삶이 들어가기에는 충분했다. 그 후 형의 죽음으로 경건한 삶에 순종의 삶까지 더해져 하나님께 진정으로 쓰임받는 도구로 다시 태어난다. 그래서 7년이라는 짧은 목회기간 동안 기도와 금식으로 무장하고 주님을 모르는 작은 영혼에도 귀 기울이며 그들을 세심하게 심방하는 일까지 게을리 하지 않았다. 그의 지칠 줄 모르는 영혼 사랑은 죽는 그날까지 끊이질 않았다.

'작은 예수상'으로 남다

물론 오랫동안 하나님을 모르는 영혼들을 위해 말씀을 전하고, 그분의 놀라우신 사랑을 전하면 얼마나 좋을까? 모든 그리스도인의 바람 아닐까? 그러나 짧은 부르심에도 아랑곳 하지 않고, 살아 숨 쉬는 동안에라도 구원받지 못한 영혼을 위해 하나님을 외친 로버트 맥체인. 실제적으로 그가 이 세상에서 산 햇수는 적지만 그의 업적과 하나님을 향한 순종의 삶은 지금의 우리가 느끼고 알 정도로 영원하다. 하나님은 그런 짧지만 굵게 살다간 로버트 맥체인의 삶을 통해 그리스도의 메시지를 담은 것은 아닐까?그는 하나님과 가까이 동행했고 말과 사랑과 정신과 믿음과 순결에 있어서 성도들의 모범이었다. 그는 밤낮 쉬지 않고 영혼들을 돌보았다. 그는 어둠 속에서 방황하는 많은 영혼을 생명길로 인도함으로써 주님의 칭찬을 받았다.위 묘비의 말처럼 우리도 그와 같은 삶을 본받아야 할 것이다.

4. 365일차 맥체인 성경읽기표

[1월]

일차	날짜	가정		개인	
1	1/1	창 1	마 1	스 1	행 1
2	2	창 2	마 2	스 2	행 2
3	3	창 3	마 3	스 3	행 3
4	4	창 4	마 4	스 4	행 4
5	5	창 5	마 5	스 5	행 5
6	6	창 6	마 6	스 6	행 6
7	7	창 7	마 7	스 7	행 7
8	8	창 8	마 8	스 8	행 8
9	9	창9·10	마 9	스 9	행 9
10	10	창11	마10	스10	행10
11	11	창12	마11	느 1	행11
12	12	창13	마12	느 2	행12
13	13	창14	마13	느 3	행13
14	14	창15	마14	느 4	행14
15	15	창16	마15	느 5	행15
16	16	창17	마16	느 6	행16
17	17	창18	마17	느 7	행17
18	18	창19	마18	느 8	행18
19	19	창20	마19	느 9	행19
20	20	창21	마20	느10	행20
21	21	창22	마21	느11	행21
22	22	창23	마22	느12	행22
23	23	창24	마23	느13	행23
24	24	창25	마24	에 1	행24
25	25	창26	마25	에 2	행25
26	26	창27	마26	에 3	행26
27	27	창28	마27	에 4	행27
28	28	창29	마28	에 5	행28
29	29	창30	막 1	에 6	롬 1
30	30	창31	막 2	에 7	롬 2
31	31	창32	막 3	에 8	롬 3

[2월]

일차	날짜	가정		개인	
32	2/1	창33	막 4	에9·10	롬 4
33	2	창34	막 5	욥 1	롬 5
34	3	창35·36	막 6	욥 2	롬 6
35	4	창37	막 7	욥 3	롬 7
36	5	창38	막 8	욥 4	롬 8
37	6	창39	막 9	욥 5	롬 9
38	7	창40	막10	욥 6	롬10
39	8	창41	막11	욥 7	롬11
40	9	창42	막12	욥 8	롬12
41	10	창43	막13	욥 9	롬13
42	11	창44	막14	욥10	롬14
43	12	창45	막15	욥11	롬15
44	13	창46	막16	욥12	롬16
45	14	창47	눅1:1~38	욥13	고전1
46	15	창48	눅1:39~80	욥14	고전2
47	16	창49	눅 2	욥15	고전3
48	17	창50	눅 3	욥16·17	고전4
49	18	출 1	눅 4	욥18	고전5
50	19	출 2	눅 5	욥19	고전6
51	20	출 3	눅 6	욥20	고전7
52	21	출 4	눅 7	욥21	고전8
53	22	출 5	눅 8	욥22	고전9
54	23	출 6	눅 9	욥23	고전10
55	24	출 7	눅10	욥24	고전11
56	25	출 8	눅11	욥25·26	고전12
57	26	출 9	눅12	욥27	고전13
58	27	출10	눅13	욥28	고전14
59	28	출11·12:1~21	눅14	욥29	고전15

[3월]

일차	날짜	가정		개인	
60	3/1	출12:22~51	눅15	욥30	고전16
61	2	출13	눅16	욥31	고후 1
62	3	출14	눅17	욥32	고후 2
63	4	출15	눅18	욥33	고후 3
64	5	출16	눅19	욥34	고후 4
65	6	출17	눅20	욥35	고후 5
66	7	출18	눅21	욥36	고후 6
67	8	출19	눅22	욥37	고후 7
68	9	출20	눅23	욥38	고후 8
69	10	출21	눅24	욥39	고후 9
70	11	출22	요 1	욥40	고후10
71	12	출23	요 2	욥41	고후11
72	13	출24	요 3	욥42	고후12
73	14	출25	요 4	잠 1	고후13
74	15	출26	요 5	잠 2	갈 1
75	16	출27	요 6	잠 3	갈 2
76	17	출28	요 7	잠 4	갈 3
77	18	출29	요 8	잠 5	갈 4
78	19	출30	요 9	잠 6	갈 5
79	20	출31	요10	잠 7	갈 6
80	21	출32	요11	잠 8	엡 1
81	22	출33	요12	잠 9	엡 2
82	23	출34	요13	잠10	엡 3
83	24	출35	요14	잠11	엡 4
84	25	출36	요15	잠12	엡 5
85	26	출37	요16	잠13	엡 6
86	27	출38	요17	잠14	빌 1
87	28	출39	요18	잠15	빌 2
88	29	출40	요19	잠16	빌 3
89	30	레 1	요20	잠17	빌 4
90	31	레2·3	요21	잠18	골 1

[4월]

일자	날짜	가정		개인	
91	4/1	레 4	시1·2	잠19	골 2
92	2	레 5	시3·4	잠20	골 3
93	3	레 6	시5·6	잠21	골 4
94	4	레 7	시7·8	잠22	살전1
95	5	레 8	시 9	잠23	살전2
96	6	레 9	시10	잠24	살전3
97	7	레10	시11·12	잠25	살전4
98	8	레11·12	시13·14	잠26	살전5
99	9	레13	시15·16	잠27	살후1
100	10	레14	시17	잠28	살후2
101	11	레15	시18	잠29	살후3
102	12	레16	시19	잠30	딤전1
103	13	레17	시20·21	잠31	딤전2
104	14	레18	시22	전 1	딤전3
105	15	레19	시23·24	전 2	딤전4
106	16	레20	시25	전 3	딤전5
107	17	레21	시26·27	전 4	딤전6
108	18	레22	시28·29	전 5	딤후1
109	19	레23	시30	전 6	딤후2
110	20	레24	시31	전 7	딤후3
111	21	레25	시32	전 8	딤후4
112	22	레26	시33	전 9	딛 1
113	23	레27	시34	전10	딛 2
114	24	민 1	시35	전11	딛 3
115	25	민 2	시36	전12	몬 1
116	26	민 3	시37	아 1	히 1
117	27	민 4	시38	아 2	히 2
118	28	민 5	시39	아 3	히 3
119	29	민 6	시40·41	아 4	히 4
120	30	민 7	시42·43	아 5	히 5

[5월]

일차	날짜	가정		개인	
121	5/1	민 8	시44	아 6	히 6
122	2	민 9	시45	아 7	히 7
123	3	민10	시46·47	아 8	히 8
124	4	민11	시48	사 1	히 9
125	5	민12·13	시49	사 2	히10
126	6	민14	시50	사3·4	히11
127	7	민15	시51	사 5	히12
128	8	민16	시52~54	사 6	히13
129	9	민17·18	시55	사 7	약 1
130	10	민19	시56·57	사8·9:1~7	약 2
131	11	민20	시58·59	사9:8~10:4	약 3
132	12	민21	시60·61	사10:5~34	약 4
133	13	민22	시62·63	사11·12	약 5
134	14	민23	시64·65	사13	벧전1
135	15	민24	시66·67	사14	벧전2
136	16	민25	시68	사15	벧전3
137	17	민26	시69	사16	벧전4
138	18	민27	시70·71	사17·18	벧전5
139	19	민28	시72	사19·20	벧후1
140	20	민29	시73	사21	벧후2
141	21	민30	시74	사22	벧후3
142	22	민31	시75·76	사23	요일1
143	23	민32	시77	사24	요일2
144	24	민33	시78:1~37	사25	요일3
145	25	민34	시78:38~72	사26	요일4
146	26	민35	시79	사27	요일5
147	27	민36	시80	사28	요이1
148	28	신 1	시81·82	사29	요삼1
149	29	신 2	시83·84	사30	유 1
150	30	신 3	시85	사31	계 1
151	31	신 4	시86·87	사32	계 2

[6월]

일차	날짜	가정		개인	
152	6/1	신 5	시88	사33	계 3
153	2	신 6	시89	사34	계 4
154	3	신 7	시90	사35	계 5
155	4	신 8	시91	사36	계 6
156	5	신 9	시92·93	사37	계 7
157	6	신10	시94	사38	계 8
158	7	신11	시95·96	사39	계 9
159	8	신12	시97·98	사40	계10
160	9	신13·14	시99~101	사41	계11
161	10	신15	시102	사42	계12
162	11	신16	시103	사43	계13
163	12	신17	시104	사44	계14
164	13	신18	시105	사45	계15
165	14	신19	시106	사46	계16
166	15	신20	시107	사47	계17
167	16	신21	시108·109	사48	계18
168	17	신22	시110·111	사49	계19
169	18	신23	시112·113	사50	계20
170	19	신24	시114·115	사51	계21
171	20	신25	시116	사52	계22
172	21	신26	시117·118	사53	마 1
173	22	신27·28:1~19	시119:1~24	사54	마 2
174	23	신28:20~68	시119:25~48	사55	마 3
175	24	신29	시119:49~72	사56	마 4
176	25	신30	시119:73~96	사57	마 5
177	26	신31	시119:97~120	사58	마 6
178	27	신32	시119:121~144	사59	마 7
179	28	신33·34	시119:145~176	사60	마 8
180	29	수 1	시120~122	사61	마 9
181	30	수 2	시123~125	사62	마10

[7월]

일차	날짜	가정		개인	
182	7/1	수 3	시126~128	사63	마11
183	2	수 4	시129~131	사64	마12
184	3	수5·6:1~5	시132~134	사65	마13
185	4	수6:6~27	시135·136	사66	마14
186	5	수 7	시137·138	렘 1	마15
187	6	수 8	시139	렘 2	마16
188	7	수 9	시140·141	렘 3	마17
189	8	수10	시142·143	렘 4	마18
190	9	수11	시144	렘 5	마19
191	10	수12·13	시145	렘 6	마20
192	11	수14·15	시146·147	렘 7	마21
193	12	수16·17	시148	렘 8	마22
194	13	수18·19	시149·150	렘 9	마23
195	14	수20·21	행 1	렘10	마24
196	15	수22	행 2	렘11	마25
197	16	수23	행 3	렘12	마26
198	17	수24	행 4	렘13	마27
199	18	삿 1	행 5	렘14	마28
200	19	삿 2	행 6	렘15	막 1
201	20	삿 3	행 7	렘16	막 2
202	21	삿 4	행 8	렘17	막 3
203	22	삿 5	행 9	렘18	막 4
204	23	삿 6	행10	렘19	막 5
205	24	삿 7	행11	렘20	막 6
206	25	삿 8	행12	렘21	막 7
207	26	삿 9	행13	렘22	막 8
208	27	삿10·11:1~11	행14	렘23	막 9
209	28	삿11:12~40	행15	렘24	막10
210	29	삿12	행16	렘25	막11
211	30	삿13	행17	렘26	막12
212	31	삿14	행18	렘27	막13

[8월]

일차	날짜	가정		개인	
213	8/1	삿15	행19	렘28	막14
214	2	삿16	행20	렘29	막15
215	3	삿17	행21	렘30·31	막16
216	4	삿18	행22	렘32	시1·2
217	5	삿19	행23	렘33	시3·4
218	6	삿20	행24	렘34	시5·6
219	7	삿21	행25	렘35	시7·8
220	8	룻 1	행26	렘36·37	시 9
221	9	룻 2	행27	렘38	시10
222	10	룻3·4	행28	렘39	시11·12
223	11	삼상1	롬 1	렘40	시13·14
224	12	삼상2	롬 2	렘41	시15·16
225	13	삼상3	롬 3	렘42	시17
226	14	삼상4	롬 4	렘43	시18
227	15	삼상5·6	롬 5	렘44	시19
228	16	삼상7·8	롬 6	렘45	시20·21
229	17	삼상9	롬 7	렘46	시22
230	18	삼상10	롬 8	렘47	시23·24
231	19	삼상11	롬 9	렘48	시25
232	20	삼상12	롬10	렘49	시26·27
233	21	삼상13	롬11	렘50	시28·29
234	22	삼상14	롬12	렘51	시30
235	23	삼상15	롬13	렘52	시31
236	24	삼상16	롬14	애 1	시32
237	25	삼상17	롬15	애 2	시33
238	26	삼상18	롬16	애 3	시34
239	27	삼상19	고전1	애 4	시35
240	28	삼상20	고전2	애 5	시36
241	29	삼상21·22	고전3	겔 1	시37
242	30	삼상23	고전4	겔 2	시38
243	31	삼상24	고전5	겔 3	시39

[9월]

일차	날짜	가정		개인	
244	9/1	삼상25	고전 6	겔 4	시40·41
245	2	삼상26	고전 7	겔 5	시42·43
246	3	삼상27	고전 8	겔 6	시44
247	4	삼상28	고전 9	겔 7	시45·46
248	5	삼상29·30	고전10	겔 8	시47
249	6	삼상31	고전11	겔 9	시48
250	7	삼하 1	고전12	겔10	시49
251	8	삼하 2	고전13	겔11	시50
252	9	삼하 3	고전14	겔12	시51
253	10	삼하4·5	고전15	겔13	시52~54
254	11	삼하 6	고전16	겔14	시55
255	12	삼하 7	고후 1	겔15	시56·57
256	13	삼하8·9	고후 2	겔16	시58·59
257	14	삼하10	고후 3	겔17	시60·61
258	15	삼하11	고후 4	겔18	시62·63
259	16	삼하12	고후 5	겔19	시64·65
260	17	삼하13	고후 6	겔20	시66·67
261	18	삼하14	고후 7	겔21	시68
262	19	삼하15	고후 8	겔22	시69
263	20	삼하16	고후 9	겔23	시70·71
264	21	삼하17	고후10	겔24	시72
265	22	삼하18	고후11	겔25	시73
266	23	삼하19	고후12	겔26	시74
267	24	삼하20	고후13	겔27	시75·76
268	25	삼하21	갈 1	겔28	시77
269	26	삼하22	갈 2	겔29	시78:1~37
270	27	삼하23	갈 3	겔30	시78:38~72
271	28	삼하24	갈 4	겔31	시79
272	29	왕상 1	갈 5	겔32	시80
273	30	왕상 2	갈 6	겔33	시81·82

[10월]

일차	날짜	가정		개인	
274	10/1	왕상 3	엡 1	겔34	시83·84
275	2	왕상4·5	엡 2	겔35	시85
276	3	왕상 6	엡 3	겔36	시86
277	4	왕상 7	엡 4	겔37	시87·88
278	5	왕상 8	엡 5	겔38	시89
279	6	왕상 9	엡 6	겔39	시90
280	7	왕상10	빌 1	겔40	시91
281	8	왕상11	빌 2	겔41	시92·93
282	9	왕상12	빌 3	겔42	시94
283	10	왕상13	빌 4	겔43	시95·96
284	11	왕상14	골 1	겔44	시97·98
285	12	왕상15	골 2	겔45	시99~101
286	13	왕상16	골 3	겔46	시102
287	14	왕상17	골 4	겔47	시103
288	15	왕상18	살전 1	겔48	시104
289	16	왕상19	살전 2	단 1	시105
290	17	왕상20	살전 3	단 2	시106
291	18	왕상21	살전 4	단 3	시107
292	19	왕상22	살전 5	단 4	시108·109
293	20	왕하 1	살후 1	단 5	시110·111
294	21	왕하 2	살후 2	단 6	시112·113
295	22	왕하 3	살후 3	단 7	시114·115
296	23	왕하 4	딤전 1	단 8	시116
297	24	왕하 5	딤전 2	단 9	시117·118
298	25	왕하 6	딤전 3	단10	시119:1~24
299	26	왕하 7	딤전 4	단11	시119:25~48
300	27	왕하 8	딤전 5	단12	시119:49~72
301	28	왕하 9	딤전 6	호 1	시119:73~96
302	29	왕하10	딤후 1	호 2	시119:97~120
303	30	왕하11·12	딤후 2	호3·4	시119:121~144
304	31	왕하13	딤후 3	호5·6	시119:145~176

[11월]

일차	날짜	가정		개인	
305	11/1	왕하14	딤후4	호 7	시120~122
306	2	왕하15	딛 1	호 8	시123~125
307	3	왕하16	딛 2	호 9	시126~128
308	4	왕하17	딛 3	호10	시129~131
309	5	왕하18	몬 1	호11	시132~134
310	6	왕하19	히 1	호12	시135·136
311	7	왕하20	히 2	호13	시137·138
312	8	왕하21	히 3	호14	시139
313	9	왕하22	히 4	욜 1	시140·141
314	10	왕하23	히 5	욜 2	시142
315	11	왕하24	히 6	욜 3	시143
316	12	왕하25	히 7	암 1	시144
317	13	대상1·2	히 8	암 2	시145
318	14	대상3·4	히 9	암 3	시146·147
319	15	대상5·6	히10	암 4	시148·150
320	16	대상7·8	히11	암 5	눅1:1~38
321	17	대상9·10	히12	암 6	눅1:39~80
322	18	대상11·12	히13	암 7	눅 2
323	19	대상13·14	약 1	암 8	눅 3
324	20	대상15	약 2	암 9	눅 4
325	21	대상16	약 3	옵 1	눅 5
326	22	대상17	약 4	욘 1	눅 6
327	23	대상18	약 5	욘 2	눅 7
328	24	대상19·20	벧전1	욘 3	눅 8
329	25	대상21	벧전2	욘 4	눅 9
330	26	대상22	벧전3	미 1	눅10
331	27	대상23	벧전4	미 2	눅11
332	28	대상24·25	벧전5	미 3	눅12
333	29	대상26·27	벧후1	미 4	눅13
334	30	대상28	벧후2	미 5	눅14

[12월]

일차	날짜	가정		개인	
335	12/1	대상29	벧후3	미 6	눅15
336	2	대하 1	요일 1	미 7	눅16
337	3	대하 2	요일 2	나 1	눅17
338	4	대하3·4	요일 3	나 2	눅18
339	5	대하5·6:1~11	요일 4	나 3	눅19
340	6	대하6:12~42	요일 5	합 1	눅20
341	7	대하 7	요이 1	합 2	눅21
342	8	대하 8	요삼 1	합 3	눅22
343	9	대하 9	유 1	습 1	눅23
344	10	대하10	계 1	습 2	눅24
345	11	대하11·12	계 2	습 3	요 1
346	12	대하13	계 3	학 1	요 2
347	13	대하14·15	계 4	학 2	요 3
348	14	대하16	계 5	슥 1	요 4
349	15	대하17	계 6	슥 2	요 5
350	16	대하18	계 7	슥 3	요 6
351	17	대하19·20	계 8	슥 4	요 7
352	18	대하21	계 9	슥 5	요 8
353	19	대하22·23	계10	슥 6	요 9
354	20	대하24	계11	슥 7	요10
355	21	대하25	계12	슥 8	요11
356	22	대하26	계13	슥 9	요12
357	23	대하27·28	계14	슥10	요13
358	24	대하29	계15	슥11	요14
359	25	대하30	계16	슥12·13:1	요15
360	26	대하31	계17	슥13:2~9	요16
361	27	대하32	계18	슥14	요17
362	28	대하33	계19	말 1	요18
363	29	대하34	계20	말 2	요19
364	30	대하35	계21	말 3	요20
365	31	대하36	계22	말 4	요21

맥체인 1년 1독 성경읽기

맥체인 통독 맥잡기(2)

2019년 10월 5일 초판 1쇄 발행
지 은 이 김홍양
발 행 처 선교횃불
등 록 일 1999년 9월 21일 제54호
등록주소 서울시 송파구 백제고분로 27길 12(삼전동)
전 화 (02) 2203-2739
팩 스 (02) 2203-2738
이 메 일 ccm2you@gmail.com
홈페이지 www.ccm2u.com